Peter Esposito

Dienstleistungsplattform Intranet

Integration als organisatorisches Vorgehensmodell zur Optimierung von Informations- und Kommunikationsprozessen dargestellt am Beispiel einer württembergischen Genossenschaftsbank

Bibliografische Information der Deutschen Nationalbibliothek:

Bibliografische Information der Deutschen Nationalbibliothek: Die Deutsche
Bibliothek verzeichnet diese Publikation in der Deutschen Nationalbibliografie;
detaillierte bibliografische Daten sind im Internet über http://dnb.d-nb.de/ abrufbar.

Copyright © 1999 Diplomica Verlag GmbH
Druck und Bindung: Books on Demand GmbH, Norderstedt Germany
ISBN: 9783838640082

Peter Esposito

Dienstleistungsplattform Intranet

**Integration als organisatorisches Vorgehensmodell zur Optimierung von
Informations- und Kommunikationsprozessen dargestellt am Beispiel
einer württembergischen Genossenschaftsbank**

Diplom.de

Peter Esposito

Dienstleistungsplattform Intranet

Integration als organisatorisches Vorgehensmodell zur Optimierung von Informations- und Kommunikationsprozessen dargestellt am Beispiel einer württembergischen Genossenschaftsbank

Diplomarbeit
an der AKAD Lahr; Hochschule für Berufstätige
Fachbereich Betriebswirtschaft
Lehrstuhl für Prof. Dr. Staud
Januar 1999 Abgabe

Diplom.de

Diplomica GmbH
Hermannstal 119k
22119 Hamburg

Fon: 040 / 655 99 20
Fax: 040 / 655 99 222

agentur@diplom.de
www.diplom.de

ID 4008

ID 4008
Esposito, Peter: Dienstleistungsplattform Intranet · Integration als organisatorisches
Vorgehensmodell zur Optimierung von Informations- und Kommunikationsprozessen
dargestellt am Beispiel einer württembergischen Genossenschaftsbank
Hamburg: Diplomica GmbH, 2001
Zugl.: Lahr, AKAD · Hochschule für Berufstätige, Diplomarbeit, 1999

Diplomica GmbH
http://www.diplom.de, Hamburg 2001
Printed in Germany

$E/015/99$

Inhaltsverzeichnis

Abkürzungsverzeichnis

Anm.	=	Anmerkung
Aufl.	=	Auflage
Bd.	=	Band
f.	=	folgende
ff.	=	fortfolgende
Hrsg.	=	Herausgeber
IAO	=	Institut für Arbeitswirtschaft und Orgasisation
i.S.d.	=	im Sinne des(r)
IuK	=	Information und Kommunikation
Jg.	=	Jahrgang
Nr.	=	Nummer
O.V.	=	ohne Verfasser
S.	=	Seite(n)
s.	=	siehe
u.a.	=	unter anderem
Verf.	=	Verfasser

Abbildungsverzeichnis

„...because information has no value until it's shared"[1]

1. Einleitung

1.1 Zur Bedeutung von Information und Kommunikation

Bereits seit den 80er Jahren vollzog sich der Wandel der „Gesellschaftsformen" von der Dienstleistungsgesellschaft zur heutigen Informationsgesellschaft, wurde Information als eigenständiger Produktionsfaktor wissenschaftlich manifestiert und folgte konsequenterweise die Erweiterung der klassischen betrieblichen Funktionsbereiche um den Funktionsbereich „Information und Kommunikation" oder „Informationswirtschaft"[2]. Dies macht deutlich, daß Information und betriebliche Informationsverarbeitung zu einer tragenden Säule im Unternehmen geworden sind. Beschleunigt durch die Globalisierung der Märkte, erhöhtem Kostendruck auf operative und administrative Unternehmensprozesse, unterstützt aber auch durch neue Technologien, Produkte und Vertriebswege mit sich wandelndem Anbieter- und Nachfrageverhalten, wird Information per se somit den Erfolg und die Wettbewerbsfähigkeit eines Unternehmens nachhaltig beeinflussen.[3] Dies hat zur Folge, daß ein Umdenken im Umgang und der Weitergabe von Informationen hin zu einer effizienten Planung, Steuerung, Koordination und Kontrolle im Unternehmen stattfinden muß.[4] Um Informationen jedoch effizient nutzen zu können, muß auch immer der Einsatz von Kommunikationssystemen, als Träger des Informationsaustausches,[5] betrachtet werden. In der zugrunde liegenden Arbeit findet daher Information und Kommunikation (im nachfolgenden „IuK") ausschließlich gemeinsam Verwendung.

---

[1] Lotus Development Inc..
[2] Vgl. Schwarze, Jochen: Informationsmanagement - Planung, Steuerung, Koordination und Kontrolle der Informationsversorgung im Unternehmen, Herne/Berlin 1998, S.17-30.
[3] Vgl. auch Grimme, Jürgen: Produktivitätssteigerung in der Bürokommunikation, in: Bank Magazin 3/98, S.22 .
[4] Vgl. Schwarze, Jochen, S.27 .
[5] Vgl. auch Herff, Wolfgang: Zur Bedeutung der Kommunikation, in: BI/GF 4/97, S.6.

1.2 IuK-Systeme in Kreditinstituten: Gründe für den Einsatz

„Die Nutzungsmöglichkeiten moderner Informations- und Kommunikationstechniken können von Kreditinstituten in besonderer Weise ausgeschöpft werden, da die bankbetriebliche Leistungserstellung im wesentlichen ein Informationssteuerungs- und verarbeitungsprozeß ist."[6] Hohe Kosten im administrativen Bereich, sinkende Zinsmargen und zunehmender Wettbewerb, insbesondere durch Globalisierung der Märkte[7], den Markteintritt von Non- und Nearbanks und innovative Vertriebswege durch neue Technologien, sind denn auch für die Finanzdienstleistungsbranche, und hier insbesondere für die durch ihren stark dezentralen und regionalen Charakter gekennzeichneten Volks- und Raiffeisenbanken, wesentliche Faktoren, ihre Strategie beim Einsatz von IuK-Systemen zu überdenken.[8] Kamen bei den württembergischen Genossenschaftsbanken anfangs nur vereinzelt Systeme zur Unterstützung von Kommunikation, Terminmanagement und Archivierung zum Einsatz, so wird zunehmend auch der Einsatz team- und prozeßunterstützender Lösungen geplant. Determinanten für eine Investition sind hierbei Kosten für Infrastruktur und Anwendungen, Personalaufwendungen in Form von Weiterbildungsmaßnahmen und der Schaffung neuer Stellen, sowie der zu erwartende Nutzen aus neuen IuK-Systemen. Mitarbeiter- und Kundenzufriedenheit, Kundenbindung, Beratungsqualität, Prozeßoptimierung und Kostensenkung sind hierbei nur einige der fokussierten Ziele.[9]

1.3 Integration statt Installation

Stand in den Anfängen der betrieblichen Informationsverarbeitung die tayloristische Funktions- und Aufgabenbearbeitung durch Bürosysteme im Vordergrund, so wurde seit Anfang der 90er Jahre zunehmend dem prozeßorientierten Ansatz, ausgehend

---

6 Schröder, Gustav Adolf: Bürokommunikation, Telekommunikation, Electronic Banking, in: Handbuch Bankorganisation, Wiesbaden 1991, S.359.
7 Ebenda, S.359.
8 Vgl. auch Grüger, Wolfgang: Strategien für den Mittelstand, in: Bankpraxis '97, S.16 f..
9 Vgl. auch Müller, Peter: Intranet auf dem Vormarsch, in: geldinstitute 3/98, S.20 und Schröder, Gustav Adolf, S.359.

- 3 -

vom Managementansatz des business process reengineering, Rechnung getragen.[10] Die technologische Entwicklung von HOST-basierten Systemen zur Client/Server-Architektur begünstigte zudem team- und prozessorientiertes Arbeiten.[11] Dabei entstand ein Trend von der isolierten Büroapplikation wie z.B. Textverarbeitung oder Tabellenkalkulation hin zu integrierten Gesamtpaketen, sog. Büro-Office-Paketen, mit einer Vielzahl korrespondierender Anwendungen und ersten Ansätzen eines teamorientierten Arbeitens. Parallel hierzu entwickelten sich am Markt Systeme mit dem Fokus, durch Unterstützung der internen IuK-Strukturen Teamarbeit und Prozeßorientierung zu verbessern. Das derzeit führende System zur Unterstützung von Teamarbeit, das auch bei den württembergischen Genossenschaftsbanken sukzessive eingesetzt wird, ist Lotus Notes mit mehr als 20 Millionen[12] verkauften Lizenzen. Seit der dynamischen Entwicklung des Internet und damit einhergehender weltweiter, plattformneutraler Standards, findet auch die hierbei verwendete Technologie innerhalb einer Unternehmenseinheit durch sog. Intranets zunehmend Verwendung als IuK-Plattform. Dennoch führt die Entwicklung und der Einsatz neuer IuK-Technologien nicht zwangsläufig auch zur erhofften Effizienz im Unternehmen. Ursachen hierfür sind zum einen „das traditionelle Paradigma für die Gestaltung der Organisation von Unternehmungen: Funktionale Arbeitsteilung und mehrstufige, hierarchisch gegliederte Führungsstruktur"[13] zum anderen aber auch fehlende Akzeptanz bei Mitarbeitern durch Schulungs- und Informationsdefizite, mangelnde Unterstützung durch das Top-Management[14] sowie kulturelle und wirtschaftliche Aspekte beim Auswahl- und Einführungsprozeß[15]. Daher muß beim

[10] Vgl. auch Riggert, Wolfgang: Betriebliche Informationskonzepte: von Hypertext zu Groupware, Braunschweig/Wiesbaden 1998, S.20 und Schwarze, Jochen, S. 21, Abb.1.1.2..
[11] Vgl. auch Hansen, Hans Robert: Wirtschaftsinformatik I, Stuttgart 1998, S. 248 ff..
[12] Vgl. Wiehr, Hartmut: Einblick in die Zukunft der Groupware, in: Groupware Magazin 2/98, S.8.
[13] Kargl, Herbert: Grundlagen von Informations- und Kommunikationssytemen, München 1998, S.81.
[14] Vgl. Kroker, Michael: Kommunikation/Groupware vereinfacht Absprache im Unternehmen - Akzeptanz bei den Mitarbeitern für den Erfolg entscheidend in: Handelsblatt Nr.100, 27.5.1998, S.25.
[15] Vgl. Krcmar, Helmut; Gräslund, Karin; Klein, Wolfgang: Wer spart, investiert falsch - Intranet, Extranet und Internet-Business für Groupware und Workflow in: computerwoche focus 1/98, S.44.

Einsatz neuer prozeßunterstützender IuK-Technologien ein integrierter Ansatz gewählt werden.[16] Hierbei sind ablauf- und aufbauorganisatorische Optimierungen ebenso durchzuführen, wie auch eine frühzeitige Einbindung der Mitarbeiter, die Betrachtung informeller IuK-Strukturen oder die Integration heterogener Anwendungssysteme, wie z.B. plattformdifferente Mailsysteme oder Archivierungslösungen.[17]

1.4 RWG-Projekte

1.4.1 Intranet bei Filialbanken

Bei den württembergischen Volks- und Raiffeisenbanken kommt seit 1998 verstärkt Lotus Notes als strategische Plattform zur Unterstützung von IuK-Prozessen zum Einsatz. Die RWG GmbH Datenverarbeitungsgesellschaft (im nachfolgenden „RWG GmbH") als Rechenzentrale dieser Genossenschaftsbanken, bietet hierbei Dienstleistungen zur systemtechnischen Einführung, Installation, Administration und Support von Lotus Notes an.

Um den Entwicklungen hin zu einer ganzheitlichen, organisatorischen Integration Rechnung zu tragen, führte die RWG GmbH 1998 in Zusammenarbeit mit der Fraunhofer Gesellschaft, Institut für Arbeitswirtschaft und Organisation (im nachfolgenden „Fraunhofer IAO") und der Volksbank Herrenberg eG ein Initialprojekt „Intranet bei Filialbanken" durch.

Im Rahmen meiner Tätigkeit als Effizienzberater für den Bereich IuK-Prozesse bei der RWG GmbH war ich im Projekt, gemeinsam mit Mitarbeitern des Fraunhofer IAO, für alle organisationsbezogenen Aufgaben zuständig.

---

[16] Vgl. Gappmaier, M.; Heinrich, L.J.: Charakteristika von Geschäftsprozessen - Ergebnisse von Feldstudien, in: Heinrich, L.J.; Pomberger, G.; Schrefl, M., Institutsbericht Nr.94.01 des Instituts für Wirtschaftsinformatik an der Johannes-Kepler-Universität Linz, Linz 1994, zitiert bei: Gierhake, Olaf: Integriertes Geschäftsprozeßmanagement - Effektive Organisationsgestaltung mit Workflow-, Workgroup- und Dokumentenmanagement-Systemen, Braunschweig/Wiesbaden 1998, S.2.
[17] Vgl. auch Gierhake, Olaf, S.1 ff. und auch Krcmar, Helmut; Gräslund, Karin; Klein, Wolfgang, S. 44 ff. und auch Schwarze, Jochen, S. 139 ff. .

Ziele des Projektes waren die Schaffung eines neuen Dienstleistungsbereiches „Intranet" für die RWG GmbH und somit das Produktportfolio zu ergänzen, die unternehmensinterne Informationsversorgung bei den Kunden der RWG GmbH zu optimieren und neue Kommunikationskanäle zu ermöglichen, sowie als zentrales Ziel die exemplarische Realisierung eines Intranets unter Berücksichtigung technischer und organisatorischer Gestaltungsmöglichkeiten sowie erforderliche Begleitmaßnahmen.[18] Die organisatorische Vorgehensweise im Projekt ist zugleich Ergebnis und Teil des Vorgehensmodells und wird daher unter 3. Das Intranet-Vorgehensmodell ausführlich dargestellt. Bereits umgesetzte Projektschritte werden unter 4. Exemplarische Einführung bei der Volksbank Herrenberg eG detailliert beschrieben. Weitere Projektergebnisse beinhalten technologie- und anwendungsbezogene Strategiekonzepte bei der Auswahl und Einführung von Intranets. Für diese Arbeit relevante Definitionen, Abgrenzungen und Entwicklungen werden unter 2. Grundlagen näher erörtert.

1.4.2 Intranet / Extranet

Im September 1998 wurde ein weiteres RWG-internes Projekt gestartet, um zum einen die Umsetzung der Ergebnisse aus dem Projekt „Intranet bei Filialbanken" zu gewährleisten, aber auch mit den Zielen, das RWG-Intranet auszubauen sowie ein Extranet RWG-Genossenschaftsbanken-Verbundpartner zu entwickeln. RWG-Intranet und -Extranet werden nicht Gegenstand dieser Arbeit sein. Das Gesamtprojekt ist bis Mitte 1999 befristet.

Das Teilprojekt „Intranet Bank" wurde mit den Partnern des Vorgängerprojektes fortgesetzt. Soweit Integrationsschritte bei der Volksbank Herrenberg eG bereits umgesetzt wurden, werden diese unter 4. Exemplarische Einführung bei der Volksbank Herrenberg eG aufgeführt.

---

[18] Vgl. Engstler, Martin; Kerber, Gerrit; Waltert, Jochen: Konzeption und Realisierungsbegleitung beim Aufbau eines Intranets für Filialbanken - Abschlußbericht des Projektes, Stuttgart 1998.

1.4.3 Die Projektpartner

Die RWG GmbH Datenverarbeitungsgesellschaft ist Zentrale für die Daten- und Informationsverarbeitung der württembergischen Genossenschaftsorganisation. Darüber hinaus bietet sie den angeschlossenen Genossenschaften weitere Dienstleistungen in den Bereichen Produkt- und Technologieberatung, Produktschulung und -support. Schwerpunkt ist auch die Software-Entwicklung im Bereich operativer Banksysteme sowie die DV-technische Umsetzung und Unterstützung gesetzlicher Anforderungen.

Die RWG GmbH beschäftigte 1997 382 Mitarbeiter. Die Bilanzsumme betrug 122,7 Millionen DM. Ende 1997 waren 366 genossenschaftliche Banken angeschlossen.[19]

Mit einer Bilanzsumme von 1,3 Milliarden DM und mehr als 200 Mitarbeitern in 18 Geschäftsstellen ist die Volksbank Herrenberg eG eine der großen Genossenschaftsbanken in Württemberg.[20] Hohe Mitarbeiterzufriedenheit und -motivation, innovative Organisations- und Kundenkonzepte sowie der bankweite Einsatz neuer Technologien waren optimale Voraussetzungen für den Einsatz als Pilotbank. Bereits vor Beginn des Initialprojektes „Intranet bei Filialbanken" verfügte die Volksbank Herrenberg eG gesamtbankweit über die, für den Aufbau eines Intranet, erforderliche Infrastruktur bei Netzwerk- und Hardwareausstattung. In 1998 wurde an nahezu allen Arbeitsplätzen Lotus Notes als IuK-System eingesetzt sowie alle betroffenen Mitarbeiter umfassend geschult.

Die Fraunhofer-Gesellschaft ist die führende Organisation für angewandte Forschung in Deutschland und in 47 Forschungseinrichtungen an 40 Standorten tätig.[21]

„Das Fraunhofer-Institut für Arbeitswirtschaft und Organisation IAO beschäftigt sich mit aktuellen Fragestellungen im Bereich des Technologiemanagements. Insbesondere unterstützt das Institut Unternehmen dabei, die Potentiale innovativer Organisationsformen sowie innovativer

---

[19] Vgl. RWG Geschäftsbericht 1997 und auch http://www.rwg.de.
[20] Vgl. auch Geschäftsbericht 1997 der Volksbank Herrenberg eG, S.44 und auch http://www.volksbank-herrenberg.de.
[21] Vgl. http://www.iao.fhg.de/facts-de.html.

- 7 -

Informations- und Kommunikationstechnologien zu erkennen, individuell auf ihre Belange anzupassen und konsequent einzusetzen. Den Anforderungen der Unternehmen entsprechend entwickelt das Institut markt- und kundengerechte Technologiestrategien. Es plant und begleitet den Technologieeinsatz im Gesamtunternehmen, in Geschäftsbereichen und in Einzelprojekten."[22]

Das Fraunhofer IAO wurde 1981 gegründet und beschäftigt derzeit 210 Mitarbeiter (incl. Institut für Arbeitswissenschaft und Technologiemanagement IAT der Universität Stuttgart). Pro Jahr werden rund 400 Forschungs- und Beratungsprojekte durchgeführt.[23]

1.5 Zielsetzung und Aufbau der Diplomarbeit

Ziel der Diplomarbeit ist es, für das im Projekt „Intranet für Filialbanken" erarbeitete Vorgehensmodell, geeignete Analyseverfahren, organisatorische Rahmenbedingungen und erforderliche Integrationsschritte zu evaluieren und somit eine Gesamtkonzeption zur Optimierung von IuK-Prozessen auf der Plattform Intranet modellhaft zu entwickeln. Die identifizierten Verfahren und Maßnahmen sollen bei der Volksbank Herrenberg eG als Pilotbank umgesetzt werden. Soweit dies im Rahmen des laufenden Projektes „Intranet/Extranet" bereits erfolgt ist, werden die Ergebnisse unter 4. Exemplarische Einführung bei der Volksbank Herrenberg eG dargestellt.

Diese Gesamtkonzeption soll zukünftig eine effiziente Integration von IuK-Systemen bei den württembergischen Genossenschaftsbanken gewährleisten und im Rahmen meiner organisatorischen Tätigkeit bei der Durchführung von IuK-Projekten umgesetzt werden.

Der Aufbau der Arbeit gliedert sich in drei Hauptbereiche. Im ersten Teil werden Grundlagen für eine Intranet-Einführung bei den württembergischen Genossenschaftsbanken definiert. Dabei handelt es sich sowohl um allgemeine wissenschaftliche als auch RWG-spezifische und -strategische Definitionen und

[22] http://www.iao.fhg.de/facts-de.html.
[23] ebenda.

Abgrenzungen. Schwerpunkt der Arbeit bildet die konzeptionelle Darstellung der im Rahmen des Intranet-Vorgehensmodell erforderlichen Verfahren und Maßnahmen. Abschließend werden bereits durchgeführte Maßnahmen und vorliegende Ergebnisse der Intranet-Einführung bei der Volksbank Herrenberg eG aufgezeigt.

2. Grundlagen

Um ein im Grundsatz allgemeines integratives und modellhaftes Vorgehen auf eine Intranet-Einführung bei württembergischen Genossenschaftsbanken zu applizieren, müssen nachfolgend neben allgemeingültigen wissenschaftlichen Definitionen und Abgrenzungen zu Begriff und Integrationsansätzen, auch RWG-spezifische und -strategische Rahmenbedingungen und Restriktionen erläutert werden.

2.1 Das Gesamtsystem der bankbetrieblichen Informationsverarbeitung bei den württembergischen Volks- und Raiffeisenbanken

Die RWG GmbH ist Rechenzentrale für die württembergischen Genossenschaftsbanken. Seit ihrer Gründung im Jahre 1967 erweiterte sich das Spektrum der angebotenen Dienstleistungen von der einfachen Datenverarbeitung über Fernleitungen und Kuriertransporte hin zum umfassenden Anbieter bankbetrieblicher Informationsverarbeitung.

In 1999 werden erstmals alle in Württemberg tätigen Genossenschaftsbanken ihre Datenverarbeitung über die RWG abwickeln. Neben den Kernaufgaben wie der Abwicklung der Datenverarbeitung, Entwicklung, Vertrieb, Schulung, Beratung und Support von Banken- bzw. Standardsoftware, hat sie auch entscheidenden Einfluß auf die Strategie der Informationsverarbeitung bei den angeschlossenen Banken. Insbesondere in den Bereichen Netzwerktopologie, Hardwareanforderungen, Betriebssystem und operativer Bank-Software werden klare Aussagen zum Technologieeinsatz getroffen. Ohne dieses restriktive DV-Management durch die RWG

GmbH wäre ein jedoch reibungsloser Ablauf der Geschäftsprozesse bei den 366 angeschlossenen Banken nicht möglich.

2.1.1 Basistechnologien

Unter Basistechnologien sind die Bereiche Netzwerk, Hardware und Betriebssystem zu verstehen. Auf Basis einer Client/Server-Architektur kommt als LAN-System bei den Genossenschaftsbanken Tokenring zum Einsatz. Die Netzgeschwindigkeit liegt bei 4 bzw. 16 Mbit/s. Das Netzbetriebssystem, welches die Kommunikation und Zusammenarbeit der an das Netz angeschlossenen Rechner steuert und überwacht, ist IBM LAN Server, welches u.a. das Netzwerkprotokollen TCP/IP unterstützt. Bei TCP/IP handelt es sich um ein Anwendungs- und Transportprotokoll, welches als Kommunikationsarchitektur für die Verbindung von Rechnern verschiedener Hersteller eingesetzt wird.[24] Der Datenaustausch zwischen der RWG und den angeschlossenen Banken wird über eine Dataport64-ISDN-Verbindung realisiert. Innerhalb des Geschäftsstellennetzes einer Bank kommen abhängig vom Datentransfervolumen Datendirektverbindungen mit Leitungsgeschwindigkeiten von 9.600 bit, 64 kbit, 128 kbit oder 2 Mbit zum Einsatz. Für die Bankensoftware GEBOS, die zukünftig bankweit zum Einsatz kommen soll und unter 2.1.2 vorgestellt wird, ist, ohne Betrachtung zusätzlicher Anwendungen, eine Leitungsgeschwindigkeit von 64 kbit erforderlich.

Hardwareseitig werden im Serverbereich je nach Einsatzbereich unterschiedliche Anforderungen gestellt. Eine detaillierte Beschreibung ist für die Zielsetzung der Arbeit nicht von Bedeutung. Die Arbeitsplätze sollen den aktuellen Entwicklungen am PC-Markt Rechnung tragen. Empfohlen werden hierbei lediglich Pentium 200 Mhz Prozessoren und 64 Mbit Arbeitsspeicher als Mindeststandard.

Anfang der 90er Jahre ist bei der RWG GmbH, aber auch den anderen genossenschaftlichen Rechenzentralen die generelle Entscheidung für OS/2 als strategisches Betriebssystem getroffen worden, in der Erwartung, daß sich OS/2 am Markt für

---

[24] Vgl. auch Hansen, Hans Robert, S. 1058 ff.

Client/Server-Architekturen durchsetzt.[25] Bei den meisten genossenschaftlichen Banken in Württemberg ist OS/2 heute unternehmensweit im Einsatz. Festzustellen ist aber auch, daß bei den Banken zunehmend Windows-basierte Systeme dort zum Einsatz kommen, wo neue Anwendungen und Technologien eingesetzt werden müssen, da vergleichbare Anwendungen auf der Plattform OS/2 nicht verfügbar sind. War eine Koexistenz von OS/2-Plattform und Windows-basierten 16-bit Anwendungen lange Zeit möglich, so besteht seit der Entwicklung ausschließlich 32-bit basierter Windows-Anwendungen auch bei den genossenschaftlichen Banken die Gefahr heterogener Unternehmensnetze.[26]

2.1.2 Originäre Bankprozeßsysteme

Originäre Bankprozeßsysteme gewährleisten die Abwicklung der operativen Geschäftstätigkeit in der Bank. Dies sind Aktiv-, Passiv- und Wertpapiergeschäft sowie der in- und ausländische Zahlungsverkehr. Hierbei kommen Anwendungen zur Beratungsunterstützung, Vertriebsunterstützung sowie zur vereinfachten Datenerfassung zum Einsatz.

Die wichtigsten Anwendungen sind hierbei GEBOS (Genossenschaftliches Bürokommunikations- und Organisationssystem) zur vorgangsorientierten Beratung in allen Kernbereichen, das noch im Einsatz befindliche „Vorgängermodell" GEDIS (Genossenschaftliches Direktverarbeitungs- und Informationssystem), WVS (Wertpapier-Verbund-System) zur Abwicklung des Wertpapiergeschäftes, EKK (Elektronische Kundenkartei) sowie diverse Zahlungsverkehrsanwendungen (BLIZ, EZUE, ...) auf Basis eines sog. 3270-Großrechnerumfeldes. Die Anwendungen GEDIS und EKK sollen sukzessive vollständig bzw. WVS partiell durch GEBOS im Sinne der Beratungsunterstützung abgelöst werden.

---

[25] Vgl. Kleinmann, Erich: Angestrebte EDV-Entwicklung der nächsten fünf Jahre, in: BI/GF 3/98, S.46.
[26] Ebenda, S.46.

2.1.3 Informations- und Kommunikationssysteme

Zur Unterstützung der Informations- und Kommunikationsprozesse wird seit 1997 Lotus Notes eingesetzt. Meist kommen hierbei jedoch nur die Funktionen eMail und Kalender zum Einsatz. Vereinzelt werden bei den Genossenschaftsbanken kleinere Datenbanken selbst entwickelt. Bei wenigen Instituten wurden externe Systeme zur Vertriebsunterstützung oder im Rahmen einer Call-Center-Lösung eingekauft. Eine Entwicklung von Lotus Notes-Datenbanken durch die RWG GmbH war bisher nicht vorgesehen.

Die Einführung von Lotus Notes bedingt mittelfristig eine Ablösung des bisher für die unternehmensinterne Kommunikation eingesetzten Tools cc:mail der Firma Lotus Dev.Inc. sowie des Terminplaners Lotus Organizer.

Als weitere Lösung für IuK-Dienste wurde die 3270-Anwendung CICSBK (Banken-Bürokommunikation). Die RWG GmbH stellt über diese Host-Anwendung aktuelle Kurzmitteilungen, Rundschreiben sowie eine An- und Verkaufsbörse für Hardware zur Verfügung. Diese Dienste werden sukzessive durch alternative IuK-Technologien wie Lotus Notes oder Extranet abgelöst. Im 2. Halbjahr 1999 soll dieser Informationsweg eingestellt werden.

Durch das Konzept der zentralen Speicherung von Bankkundendaten auf dem Groß-rechner der RWG GmbH, war es erforderlich, den Banken ein System zur Auswertung und Übermittlung dieser Daten zur Verfügung zu stellen. Hierfür wurde die sog. IDV - Individuelle Datenverarbeitung entwickelt. Durch Datenbankabfragen mit der Programmiersprache SQL können die Genossenschaftsbanken individuelle Auswertungen ihrer gespeicherten Kundendaten erhalten.

Weitere wichtige IuK-Systeme und -Anwendungen, die die RWG GmbH den Genos-senschaftsbanken anbietet sind VisualInfo, ein Dokumentenmanagementsystem der Firma IBM, GenoWebManager, eine Lotus-Notes-Datenbank zur Erstellung von Internetseiten, der Internet-Zugang für Bankmitarbeiter über einen Netscape-Browser sowie FaxPlus/2, eine bankweite Lösung für das faxen vom Arbeitsplatz.

2.1.4 Sonstige administrative Systeme

Für den administrativen Bereich ist die RWG GmbH Entwickler bzw. Poolanbieter
für folgende Anwendungen: GELOG (Genossenschaftliches Lohn- und Gehalts-Sy-
stem) zur Unterstützung der Personalarbeit bei den Banken, IBO Ablauf-Profi zur
Darstellung und Analyse bankinterner Geschäftsprozesse, das integrierte Büro-Offi-
ce-Paket Lotus Smartsuite, die Anwendung KARL (Kapitaladäquanzrichtlinie) für
den Bereich betriebliches Meldewesen sowie MARZIPAN, eine Anwendungen für
die Ermittlung von Controlling-Daten.

2.2 Intranet - definitorische und technologische Abgrenzungen

Spätestens in 1998 wurde der Begriff Intranet zum Schlag- und Modewort beim Einsatz unternehmensinterner Netze schlechthin. „Nach allen einschlägigen Studien
wächst der Markt für Intranets [...] in den kommenden Jahren so stark, daß nur noch
das häufig bemühte Bild einer „Explosion" die rasche Verbreitung dieser Netze ange-
messen wiedergibt."[27] Dabei werden in diesem Zusammenhang auch gerne
Bezeichnungen gleichbedeutend für Intranet verwendet, die aus fachlicher und
definitorischer Sicht oft nur Teilaspekte, Team- oder Verfahrenssysteme abdecken.
Um den Begriff Intranet somit in den Gesamtzusammenhang von Technologie, Prozeßoptimierung, Information und Kommunikation einordnen und abgrenzen zu
können, muß definiert werden, was ein Intranet ist bzw. was es nicht ist.
Was also ist ein Intranet nicht ? Es ist kein Anwendungs- oder Betriebssystem und es
ist (noch) keine voll funktionsfähige Groupware- oder Workflowanwendung[28], es ist
aber auch nicht nur eine Plattform für Information und Kommunikation.

---

[27] Kelch, Johannes: Analysten präsentieren exorbitante Prognosen, in: Computerwoche
51/98, S. 41.
[28] Vgl. auch Internet: http://www.simsy.ch/intranet/procontr.htm

„An intranet is an internal network that's based on the Internet's TCP/IP protocol. It uses World Wide Web (WWW or Web) tools such as Hypertext Markup Language (HTML) to give you all the features of the Internet on your own private network."[29] Somit ergibt sich für die IT-Infrastruktur die Verwendung Internet-basierter Standards wie Web-Browser, Web-Server, TCP/IP-Protokoll und Internet-Zugang über Provider.[30] Letzteres ist bereits beim einfachen Versenden einer eMail über das Internet erforderlich. Zudem steht der Begriff Intranet auch als Synonym für Plattform- und Herstellerunabhängigkeit, weltweiter Standard, Preisgünstigkeit und vielseitige Konnektivität zu anderen Systemen und Technologien.[31]

2.2.1 Intranet im technologischen Umfeld von Internet und Extranet

Während ein Intranet das unternehmensinterne Netz genau eines Unternehmens ist, stellt das Extranet den Zusammenschluß mehrerer Unternehmens-Intranets innerhalb einer geschlossenen oder geschützten Umgebung dar. Dies kann z.B. durch spezielle Accounts innerhalb des Internet-Angebotes oder den Zugriffsschutz mittels einer Firewall, ein hard- oder softwaretechnischer Schutzmechanismus, realisiert werden. Ziel eines Extranets ist es, Kunden- oder Lieferantendaten ausschließlich für Partnerunternehmen zugänglich zu machen.[32]

Das Internet ist der weltweite Zusammenschluß aller Einzelrechner und Rechnernetze. Es stellt neben dem „Basisdienst" WWW auch weitere Anwendungen wie eMail, FTP, Chat und newsgroups zur Verfügung. Diese Dienste können ohne Einschränkungen auch in Intra- und Extranets verwendet werden. Grundlage für das Funktionieren des Internet ist die Verwendung und Einhaltung weniger jedoch weltweit einheitlicher Standards wie TCP/IP, HTML, HTTP oder URL.

[29] Hills, Mellanie: intranet as groupware, New York 1997, S.4.
[30] Vgl. Kargl, Herbert: S. 38.
[31] Vgl. auch Hansen, Hans Robert: S.428.
[32] Vgl. Dierker, Markus; Sander, Martin: Lotus Notes 4.5 und Domino - Integration von Groupware und Internet, Bonn 1997, S.67.

2.2.2 Intranet als Plattform für Information und Kommunikation

Wie bereits definiert, handelt es sich bei einem Intranet lediglich um eine technische Plattform, auf welcher heterogene Anwendungssysteme integriert werden können. geht Ziel ist es jedoch hierbei, die Systeme nicht einfach nur „Internet-fähig" zu machen und über ein neues „Front-End", den Web-Browser, alte Systeme aufzurufen, sondern um eine tatsächliche Integration, d.h. Ersatz aller laufenden Anwendungen.[33] Da die Internet- bzw. Intranet-Technologie noch „in den Kinderschuhen" steckt, wird die Realisierung technologisch „kritischer" Anwendungen meist am Ende eines Intranet-Entwicklungsprozesses gesehen. Dieses Vorgehen entspricht auch wissenschaftlichen Darstellungen und wird unter 2.3.5 noch detailliert.[34] Somit wird deutlich, daß auch im Unternehmensumfeld der Fokus beim Aufbau eines Intranet zuerst auf den Grunddiensten des Internet basiert, der unternehmensinternen und -externen Kommunikation sowie der Darstellung und Verteilung von Informationen. Das Intranet gleichzusetzen mit einem IuK-Sytem, würde die Bedeutung und Möglichkeiten dieser Plattform jedoch nicht ausreichend darstellen, da IuK-Prozesse zwar eine wichtige, letztendlich aber doch nur eine Teilmenge aller Intranet-Applikationen darstellen.

2.2.3 „Intranet as Groupware"[35] -

Lotus Notes/Domino: von der Intranet-Teilmenge zum Synonym

Lotus Notes wurde 1989 als System zur Unterstützung von Groupware entwickelt. Groupware selbst zu definieren fällt schwer, da es sich hierbei nicht um ein einfaches Anwendungssystem handelt, sondern um ein komplexes System, das neben der rein softwaretechnischen Realisierung auch Auswirkungen auf Arbeitsorganisation, also Aufbau- und Ablauforganisation, IuK-Struktur und DV-Infrastruktur eines

---

[33] Vgl. auch Kelch, Johannes: S.42.
[34] Vgl. auch Kargl, Herbert: S.22 ff. und auch Kelch, Johannes: S.42 und auch
       Hills, Melanie: S.15f. und auch Riggert, Wolfgang: S.129 und auch Engstler, Martin;
       Kerber, Gerrit; Waltert, Jochen: S.24 ff. .
[35] Hills, Mellanie: Titel

Unternehmens hat.[36] Läßt man die organisatorischen und infrastrukturellen Auswirkungen außer Betracht, kann definiert werden:

„...handelt es sich bei Groupwaresystem um Softwareprodukte, die es Arbeitsgruppen ermöglichen, effizient und effektiv im Rahmen gemeinsamer Aufgabenstellungen zusammenzuarbeiten und die gleichzeitig dazu beitragen, Informationen im Rahmen von Arbeitsprozessen besser zu erschließen und verwerten."[37]

Somit wird auch deutlich, daß unter dem Begriff Groupware die Implementierung der Gruppen-Funktionen Workflow-Management, Workgroup Computing und Real-time-Kooperationen wie conferencing, screen und application sharing zusammengefasst werden kann.[38]

„Workflowmanagement-Systeme sind geeignet, strukturierte Arbeitsabläufe (Vorgänge) zu unterstützen. Diese Abläufe umfassen eine Reihe von Aktivitäten oder Arbeitsschritte, die wiederholt sequentiell oder auch parallel zueinander durchlaufen werden. An den Vorgängen arbeiten in der Regel mehrere Bearbeiter und deshalb besteht auch ein hoher Koordinierungsbedarf.(...) Im Gegensatz zu Workflowmanagement unterstützen Workgroupcomputing-Systeme schwach beziehungsweise unstrukturierte, zum Teil sehr komplexe Arbeitsaufgaben."[39]

Gerade hier zeigt sich aber ein deutlicher Handlungsbedarf, wenn es um die Optimierung von IuK-Prozessen geht. Der Aufbau eines Intranet, soll er denn auch den erwarteten Nutzen bringen, kann nicht darin enden, Informationen nur zu Verfügung zu stellen und Kommunikationskanäle zu schaffen, sondern muß zwingend auch Groupware-Funktionalitäten berücksichtigen und beinhalten.

---

[36] Vgl. Stein, Dominik: Definition und Klassifikation der Begriffswelt um CSCW, Workgroup Computing, Groupware, Workflow Management; Seminararbeit an der Gesamthochschule Universität Essen 1996, S. 7 f. in Internet: Http://www-stud.uni-essen.de/~sw0136/AWi_Seminar.html und auch o.V.: Der Kampf ums Intranet, in: Groupware Magazin 2/98, S.22 f. .

[37] Finke, W.: Groupwaresysteme - Basiskonzepte und Beispiele für den Einsatz im Unternehmen, in: Information Management, Heft 1, 1992, S.24-30 zitiert bei Stein, Dominik: S. 9.

[38] Vgl. Seifert, M.: Intranet versus Groupware? - Die richtige Plattform für übergreifende Büroprozesse, in: Computerwoche focus, Ausgabe Nr. 4/97, S.36 und auch Litke, H.-D. : Von der Vision zur Wirklichkeit - Die Zusammenhänge von Business Process Reengineering, Workflowmanagement, Workgroupcomputing und Dokumentenmanagement, in: Computerwoche focus, Ausgabe Nr. 4/97, S.4.

[39] Litke, H.-D. : S.5 f. .

Nach einer sprunghaften Entwicklung zum De-facto-Standard einer Groupware

gelang Lotus Notes 1997 mit der Version 4.5 der endgültige Durchbruch von einer

bisher proprietären Systemumgebung hin zum offenen, plattformunabhängigen Stan-

dard des Internet. Die in Version 4.5 hinzugefügte sogenannte Domino-Technologie[40]

erweiterte den bisherigen Notes-Server zu einem vollständigen, dynamischen HTTP-

(also Internet-) Server[41] und ermöglichte es, das im Intranet verwendete Netzproto-

koll TCP/IP auch als Standardprotokoll unter Lotus Notes/Domino zu verwenden.[42]

Somit kann statuiert werden, daß Lotus Notes/Domino de facto ein Intranet ist.[43] Dies

bedeutet allgemein, daß die damit im Intranet gültigen offenen Standards auch auf

Lotus Notes/Domino Anwendung finden, andererseits aber die Vorteile, die Lotus

Notes/Domino heute noch gegenüber Intranet-Applikationen hat, beibehalten

wurden. Speziell für die Zielsetzung dieser Arbeit, die Optimierung von IuK-Prozes-

sen auf der Plattform Intranet, bedeutet dies aber auch, daß Intranet bei den

württembergischen Genossenschaftsbanken primär unter Lotus Notes/Domino reali-

siert wird.[44]

Am deutlichsten sichtbar wird dies für den Endanwender am Arbeitsplatz, da hier die

proprietäre Plattform Lotus Notes als Desktop Client erhalten blieb. In praxi ergibt

sich somit für den Endbenutzer, daß in einer Übergangszeit zwei unterschiedliche

Front-End's zur Verfügung stehen, Lotus Notes Client und Web-Browser. Eine

Ablösung des Notes Client ist aufgrund unzureichender Funktionalität des Web-

Browsers in den Bereichen Kalender, Sicherheit, Mailoptionen, Adressdatenbanken,

etc. noch nicht vollständig bzw. zufriedenstellend möglich. Andererseits kann auf

den Web-Browser am Arbeitsplatz nicht mehr verzichtet werden, da hierüber bereits

reine Intranet-Applikationen, das RWG-Bank-Extranet sowie der Internet-Zugang für

Bank-Mitarbeiter realisiert wurden.

[40] Seit der Version 4.5 und der Integration der Domino-Technologie wurde der ursprüng-
liche Name des Servers von Lotus Notes in Lotus Domino geändert. Da die Desktop-
Clients jedoch weiterhin Lotus Notes Client benannt werden, wird im Rahmen dieser
Arbeit für das gesamte Systemumfeld der Name Lotus Notes/Domino verwendet.
[41] Vgl. Dierker, Markus; Sander, Martin: S.19.
[42] ebenda, S.67.
[43] ebenda, S.67.
[44] Über die Begriffe Intranet und Lotus Notes/Domino wird in 2.3 noch näher eingegangen,
insbesondere hinsichtlich der offiziellen RWG-Formulierung gegenüber den angeschlossenen Genossenschaftsbanken.

Abschließend ergibt sich aus der Definition „Lotus Notes/Domino ist Intranet", der

Zielsetzung der Diplomarbeit und der Forderung nach einer nachvollziehbaren

Bezeichnung im Rahmen dieser Arbeit, daß Lotus Notes/Domino gleichbedeutend

mit Intranet verwendet werden kann.[45] Dies ist aus Sicht des Autors auch

erforderlich, da in entsprechenden RWG-Informationsschreiben[46] an die Vorstände

der württembergischen Genossenschaftsbanken Lotus Notes/Domino als strategische

Plattform zur Unterstützung von IuK-Prozessen erklärt wurde.

2.3 Intranet bei RWG-Banken

Für das Intranet der württembergischen Genossenschaften ergibt sich somit eine

RWG-spezifische und -strategische Ausrichtung dieser Plattform, die sich durchaus

von Entwicklungen anderer Bank-Rechenzentren unterscheidet. Während es aus

technologischer Sicht generell möglich ist, operative Bankprozesse unter Lotus

Notes/Domino abzubilden, hat die RWG GmbH hier mit GEBOS bereits ein umfas-

sendes Beratungswerkzeug entwickelt. Damit wird deutlich, daß der Einsatz von

Lotus Notes/Domino ausschließlich auf die Abbildung von Informations- und Kom-

munikationsprozessen ausgerichtet ist. Aus dem Umfeld bisheriger

RWG-Systementwicklungen und künftiger Strategie ergeben sich für die Plattform

Lotus Notes/Domino weitere Abhängigkeiten, welche den Einsatz von Lotus

Notes/Domino determinieren.

---

[45] Vgl. auch Allmann; Jörg: Wie sich die Lotus-Groupware mit Intranet-Anwendungen
verträgt - Intranet und/oder/kontra/mittels Notes beziehungsweise Domino, in: Computerwoche focus, Ausgabe Nr. 4/97, S.57. Der Autor geht hier sogar weiter und erklärt Lotus
Domino zur bevorzugten Wahl als Datenbank- und HTTP-Server für ein Intranet sowie
Lotus Notes bei der Erstellung und Pflege von Intranet-Inhalten, wenn erst die Einbettung
in ein IuK-Konzept, Aspekte des Intranet-Betriebes sowie Vorteile eines dynamischen
Intranet bewußt sind.
[46] Vgl. auch Wurster, Herrmann: Positionierung von Lotus Notes, in: RWG Vorstandsinfor-
mation 3/98, S.1 ff..

2.3.1   Determinanten der Intranet-Integration

Die Determinanten für die Einführung des Intranet bei den württembergischen Genossenschaftsbanken kann aus Technologie-, System-, Organisations- und Prozeßsicht dargestellt werden. Diese zeigen die unterschiedlichen Anforderungen und Komponenten bei der Integration auf.

2.3.1.1 Technologische Aspekte

Aus technologischer Sicht kann differenziert werden in Betriebssystem und Server-Plattform. Intranets können grundsätzlich unter allen Betriebssystem-Plattformen aufgebaut werden. Entscheidend jedoch ist, für welche Betriebssysteme entsprechende Intranet-Server verfügbar sind. Üblicherweise werden von „offenen" Herstellern wie Netscape oder Lotus Notes/Domino die gängigen Betriebssystem-Plattformen WindowsNT, Unix, OS/2, etc.unterstützt. Eine Unterstützung des Betriebssystems OS/2 auf Server-Basis und zunehmend auch auf Browser- bzw. Client-Ebene wird jedoch schwieriger. Wird mit der Version 5.0 der Lotus Domino-Server noch unter OS/2 Warp 4 angeboten, so ist ein Front-End für diese Version weder als proprietärer Notes-Client noch als Browser verfügbar.[47]

Betrachtet man die übliche Vorgehensweise bei der Planung und Einführung von Intranets, so stehen im Gegensatz zu bisherigen technikzentrierten DV-Strategien und isolierten Einzelanwendungen[48] meist prozeß- bzw. funktionsorientierte Aspekte, also Nutzenorientierung für das Gesamtsystem im Vordergrund. Das System selbst als Basis der Integration spielt nur noch eine untergeordnete Rolle im Sinne eines „Information Technology follows Organization"[49]. Somit ergibt sich im allgemeinen lediglich eine Abhängigkeit zur bestehenden IT-Infrastruktur. Spielen für eine Intranet-Einführung die vorhandenen Server-Plattformen nur eine untergeordnete Rolle,

---

[47] Vgl. auch Internet: http://www.notes.com oder auch Internet: http://www.netscape.com
[48] Vgl. auch Gierhake, Olaf: S.2 f. oder auch Seifert, M.: S.36.
[49] Kargl, Herbert: S.1.

so ergibt sich eher die Frage nach der vorhanden IT-Architektur, d.h. ist bereits die für ein Intranet erforderliche Client/Server-Architektur realisiert oder wird noch ein reines Host-System betrieben. Desweiteren ist zu prüfen, ob bei vorhandenen Netzwerken das Intranet-Protokoll TCP/IP unterstützt wird. Abschließend ist zu prüfen, ob lediglich ein HTTP-Server oder weitere Server wie Domain name server, Proxy server, FTP-Server eingesetzt werden sollen.[50]

Bei den württembergischen Genossenschaftsbanken ist die erforderliche IT-Infrastruktur seit der Einführung von GEBOS bereits vorhanden. Mit der strategischen Positionierung der RWG GmbH, für IuK-und administrative Prozesse Lotus Notes/Domino, mit dessen Eigenschaft als vollständigem Intranet-Server, einzusetzen, sind somit die wesentlichen technologieorientierten Fragestellungen definiert.

2.3.1.2 Produkt- und funktionsorientierter Ansatz versus Objektorientierung

Produkt- oder funktionsorientiert bedeutet die Realisierung oder Implementierung von Anwendungen und Systemen in einem Intranet.[51] Funktionsorientiert, in Anlehnung an den Gedanken des Taylorismus,[52] mündet bei extrem statischer, DV-technischer Umsetzung in isolierten Einzelanwendungen.[53] Dieser Ansatz entspricht durchaus gängiger Praxis, da im Rahmen der Modularisierung von Intranet-Anwendungen sehr oft funktionsorientierte Ansätze zu finden sind, z.B. Projektmanagement-, Mailing-, Terminmanagementsysteme[54] etc. aber auch Tools zur Unterstützung der Intranetfunktionalitäten wie „Search Tools (...) Document

[50] Vgl. auch Hills, Melanie: S.183 ff..
[51] Vgl. Scholer, Stefan: Groupware und Informatikabteilungen: Untersuchung des Einsatzes von Groupware und der damit verbundenen Veränderungen der Aufgaben, Organisation und künftigen Bedeutung von Informatikabteilungen, Dissertation der Universität St.Gallen 1998, S.23 f. oder auch Sommergut, Wolfgang: Intranets entwickeln sich zur Anwendungsplattform, in: Computerwoche 3/98, S.9.
[52] Vgl. Riggert, Wolfgang: S.14.
[53] Isolierte Einzelanwendungen werden in diesem Zusammenhand auch als Produkte bezeichnet. Durch die spezielle Sicht auf einzelne Unternehmensfunktionen können diesen oftmals auch Softwareprodukte zugeordnet werden. So kann ein Produkt Ablauftool durchaus der Funktion Organisator zugeordnet werden, einer Funktion Schreibbüro das Anwendungsprodukt Textverarbeitung.
[54] Vgl. auch Scholer, Stefan: S.24 .

Authoring Tools (...) Document Conversion Tools (...) Database Query Tools"[55] etc..
Viele Anbieter, Business Partner und Dienstleister von Intranets oder Lotus
Notes/Domino sind daher dazu übergegangen, neben bzw. im Fahrwasser des origi-
nären Vertriebs der Intranet-Plattform auch o.g. Anwendungen und Tools als Startup
mit dem Ziel einer Gesamtintegration und Prozeßoptimierung anzubieten.[56] Hierbei
wird auch deutlich, daß die Anbindung von Anwendungen und Produkten an ein
Intranet meist nur ein erster Schritt hin zu einer umfassenden Integration unter
Betrachtung aller beteiligten Funktionsbereiche und Prozesse ist.

Eine weitere Sichtweise bezieht sich auf die Abbildung nicht des kompletten Pro-
dukt- oder Funktionsbereiches sondern einzelner Objekte hieraus[57]. Aus der
Gesamtsicht der Ablauforganisation sind Objekte und deren Verrichtung Komponenten einer Aufgabe, welche innerhalb einer Funktion von einem Aufgabenträger oder
einem Sachmittel zu erfüllen sind.[58] So kann z.B. eine Anwendung Bankinterne
Dokumentation in die Objekte Arbeitsanweisungen, Preisverzeichnis, Organigramm,
etc. unterteilt werden. Durch dieses Vorgehen kann meist eine höhere Effizienz beim
Einsatz eines Intranets erreicht werden, da einzelne Inhalte schneller umgesetzt und
publiziert werden können und damit der Nutzeneffekt früher eintritt. Löst man diese
Einzelobjekte aus Ihrem funktionalen Gesamtzusammenhang, wird die Sicht auf auf-
gabenrelevante Unternehmensprozesse freigegeben.

Beide Ansätze, funktions- und objektorientiert, finden bei den württembergischen
Genossenschaftsbanken Anwendung. Während die meist mit hohen personellen und
finanziellen Ressourcen einhergehende Produktevaluierung und -implementierung
eine Aufgabe der RWG GmbH als Rechenzentrale darstellt, Beispiele hierfür sind
Faxlösung, Dokumentenmanagementsystem und Korrespondenzlösung, werden im
Rahmen einfacher objekt- bzw. aufgabenbezogener Fragestellungen einfache Applikationen von den Banken selbst entwickelt, z.B. Elektronische Formulare,

---

[55] Hills, Melanie: S. 204f..
[56] Vgl. auch Internet: http://www.lotus.de oder auch Internet: http://www.gedys.de
    Diese Literaturangaben stehen stellvertretend für nahezu alle Anbieter von Intranet-
    Plattformen bzw. Lotus Business Partnern.
[57] Vgl. auch Liebelt, Wolfgang; Sulzberger, Markus: Grundlagen der Ablauforganisation,
    Gießen 1998, S.18 ff..
[58] Ebenda, S.18.

Datenbanken zur Hardwareverwaltung, Konditionslisten, etc.. Die RWG GmbH strebt hier eine objektbezogene jedoch prozeßübergreifende und modularisierte Unterstützung im Rahmen des Intranet-Vorgehensmodells an.

2.3.1.3 Prozeßorientierter Ansatz

Werden Technologie, Funktionen und Objekte isoliert betrachtet, so muß befürchtet werden, daß eine unternehmensweite Einführung eines Intranet ohne Berücksichtigung der internen Geschäftsprozesse die Gefahr der Zementierung alter Strukturen birgt.

> „Erst eine Erweiterung (...) um den ablaufgesteuerten Gedanken befreit den vorherrschenden Taylorismus von seinem eingeschränkten Blickwinkel und schafft langfristig stabile und planbare Strukturen. (...) Zur Identifikation solcher Vorgänge bietet sich die Ermittlung kritischer Erfolgsfaktoren an (...) Sie dient damit auch einer Priorisierung der Geschäftsprozesse"[59]

Hierbei genügt es jedoch nicht, bestehende Prozesse elektronisch abzubilden.[60] Es muß vielmehr Ziel sein, vorhandene Abläufe und Strukturen zu überdenken und neu zu gestalten. Dies kann entweder stetig im Sinne eines kontinuierlichen Verbesserungsprozesses oder radikal durch business process reengineering erfolgen.[61] Damit verbunden ist nicht nur eine Optimierung von Prozessen sondern auch der Einbezug von Aufbauorganisation, Technologieeinsatz, „Qualitätssicherung nach außen" sowie der Faktor Wirtschaftlichkeit bei Reorganisationsmaßnahmen.[62] Unabdingbar für eine erfolgreiche Prozeßreorganisation sind aber auch „human factors", wie: Identifikation des Managements mit den Reorganisationsmaßnahmen und frühzeitige Integration der Mitarbeiter durch Information und Motivation, desweiteren die Festlegung von Zielen und Prioritäten sowie die Sicherstellung erforderlicher Ressourcen.[63]

---

[59] Riggert, Wolfgang: S.16.
[60] Vgl. Scholer, Stefan: S.76.
[61] Vgl. Litke, H.-D.: S.4.
[62] Vgl. auch Schwarze, Jochen: S.146 f..
[63] Ebenda, S.147 f. oder auch Riggert, Wolfgang: S.26 oder auch Scholer, Stefan: S.76 ff..

Definiert man die Kernprozesse der württembergischen Genossenschaftsbanken
i.s.d. kritischen Erfolgsfaktoren, so fällt auf, daß traditionelle Faktoren wie Kunden-
nähe, Zentralisation, Genossenschaftsbeteiligung oder Produktvielfalt durch den
Wandel der Märkte zunehmend an Bedeutung verlieren.[64]
Konsequente Kundenorientierung, Vertriebsdifferenzierung, einfache Abwicklung
durch Reduktion der Produktkomplexität und- vielfalt sowie der Einsatz neuer
Medien und Technologien sind Kernkompetenzen der Zukunft.[65] Mit GEBOS stellt
die RWG GmbH den angeschlossenen Banken ein modernes Beratungssytem zur
Verfügung, welches alle wesentlichen originären Bankprozesse abbildet.
Die Unterstützung dieser Kernkompetenzen kann aber auch über die Information-
stechnologie erfolgen. Hierbei ist das bankinterne Informationsmanagement von
zentraler Bedeutung. Es definiert den Produktionsfaktor Information als zentrales
Bankprodukt und beeinflusst somit wesentlich die Informationsqualität vom Bank-
mitarbeiter zum Kunden.[66]
Für die RWG GmbH als Rechenzentrale und Dienstleister der württembergischen
Genossenschaftsbanken ergibt sich hieraus die Forderung nach einer effizienteren
Unterstützung der Informations- und Kommunikationsprozesse in den Banken. Für
die Unterstützung dieser Prozesse wird Lotus Notes/Domino als strategisches Produkt am Markt gesehen. Die Integration als Vorgehensmodell soll hierbei zu einem
effizienten Einsatz von Information und Kommunikation führen.[67]

2.3.2 Intranet-Entwicklungsstufen

Wie bereits erörtert, basiert das Intranet auf der Internet-Technologie. Somit lassen
sich für die Darstellung von Intranet-basierten Anwendungen und Inhalten

---

[64] Vgl. auch Schwarze, Jochen: S.103 ff. oder auch Türk, Bernd: Von der Lean Production
   zum Lean Banking - Konzept einer theoretischen Fundierung, Wiesbaden 1996, S.141 ff..
[65] Vgl. auch Türk, Bernd: S.151 ff..
[66] Vgl. Engstler, Martin; Kerber, Gerrit; Waltert, Jochen: S.21 oder auch Schwarze, Jochen:
   S.29 ff..
[67] Vgl. auch Schwarze, Jochen: S.46 ff. oder auch Riggert, Wolfgang: S.19 ff. oder auch
   Gierhake, Olaf: S.4.

kongruente Entwicklungsstufen festlegen. Die Intranet-Entwicklungsstufen differenzieren sich in der technologischen Umsetzbarkeit.

Der Evaluierung, Implementierung und Erprobung der Intranet-Technologie folgt die
Umsetzung statischer und dynamischer Inhalte sowie der organisatorischen und technologischen Etablierung des Dokumentenmanagements durch Intra Web Publishing.
Dies bedeutet in praxi die Überarbeitung und Strukturierung bankinterner, bisher
schriftlich vorliegender Informationen und deren Verbreitung über das Intranet.
In einem zweiten Technologieschritt Intra Web Warehousing liegt der Fokus auf der
Zusammenführung von Unternehmensdaten aus proprietären Systemen, Datenbanken
und Applikationen. Hierbei soll eine jeweils anwendungsbezogen eine Entscheidung
zwischen Datenkonvertierung und Neuentwicklung von Anwendungsoberflächen
eine möglichst effiziente Integration gewährleisten.
Am Ende der derzeitigen Intranet-Entwicklung steht die Integration von Prozessen
und Teamarbeit als Schwerpunkt der dritten Stufe Intra GroupWeb.[68]
Der Einsatz von Lotus Notes/Domino als originäre Groupware im Intranet wird nur
für den proprietären Notes Client eine Abkehr von dieser Entwicklung bewirken.
Wird Lotus Notes/Domino mit einem Web-Browser als Front-End betrieben, können
die Groupwarefunktionalitäten wie z.B. Workflow, Terminkalender und einige Mail-
funktionen nicht genutzt werden.
Um diese Problematik zu umgehen, wird den württembergischen Genossenschaftsbanken der Lotus Notes Client als Front-End empfohlen.

2.4 Produktentwicklung und -einführung

Die produktseitige Entwicklung und Einführung von Intranet- respektive Lotus
Notes-Applikation durch die RWG GmbH wird im Rahmen des Pilotprojektes

---

[68] Vgl. auch Kargl, Herbert: S.122 oder Engstler, Martin; Kerber, Gerrit; Waltert, Jochen:
S.28 ff..

- 24 -

„Intranet/Extranet" erstmalig durchgeführt. Da diese Vorgehensweise nicht Inhalt der Diplomarbeit ist, sollen hier nur die Einzelmaßnahmen aufgeführt werden.

Beginnend mit der Anforderungserhebung über Befragungen, Diskussionsforen und direkte Aufträge findet im Projektteam eine Priorisierung statt. Nach Erstellung des erforderlichen Fachkonzeptes wird die Entwicklung selbst fallweise als reine Intranet-Applikation mit Java-Technologie oder mittels Notes-Datenbank realisiert.

Hierbei wird eine zügige Realisierung der Applikation angestrebt, welche im Rahmen der Versionierung auch nach Fertigstellung permanent weiterentwickelt und verbessert wird.

Bei Bankanwendungen erfolgt anschließend eine Produktisierung durch Preiskalkulation, Pilotphase, Produktmarketing, Vertriebskonzeption und Freigabe.

Der Vertrieb erfolgt durch Direktverkauf oder Integration im Rahmen einer Organisationsberatung und Prozeßoptimierung.

Ebenfalls Produktdienstleistung ist die Installation und Administration bei der Bank als Kunde, ggf. die Anpassung durch Customizing auf Wunsch der Bank, die Schulung der Mitarbeiter soweit dies erforderlich ist und in der Folgezeit der Support für diese Anwendung.

3. Vorgehensmodell „Intranet-Einführung"[69]

Das nachfolgende Vorgehensmodell wurde als Rahmenmodell für eine Intranet-Einführung bei den württembergischen Genossenschaftsbanken gemeinsam mit dem Fraunhofer IAO erarbeitet. Es basiert zum einen auf der, bei GEBOS-Projekten zur Geschäftsprozeßoptimierung verwendeten Integrationsmethode, zum anderen aber auch auf Erkenntnissen beim Einsatz der neuen Technologie und den sich daraus ergebenden Veränderungen für Organisation und Infrastruktur. Das

---

[69] Vgl. Auch Engstler, Martin; Kerber, Gerrit; Waltert, Jochen: S.51 ff..
Anm. d.Verf.: Der vorstehende Literaturhinweis bezieht sich auf die Gliederungspunkte 3. Vorgehensmodell „Intranet-Einführung" und 4. Exemplarische Einführung bei der Volksbank Herrenberg eG als Ergebnisse der Projektarbeit. Da dieses Vorgehensmodell in gemeinsamer Projektarbeit mit dem Fraunhofer IAO erarbeitet wurde, finden sich Gedankengänge dieser Arbeit selbstverständlich auch im zitierten Abschlußbericht der Forschungseinrichtung wieder.

Vorgehensmodell per se umfaßt daher in seiner theoretischen Darstellung neben den organisatorischen Rahmenbedingungen und Auswirkungen auch technologie-spezifische Fragestellungen, welche jedoch im Hinblick auf die Zielsetzung dieser Diplomarbeit lediglich deskriptiv behandelt werden. Den Schwerpunkt der Konzeption bilden somit die Phasen 1 und 2 als organisatorische Basis für Entscheidung und Implementierung des Intranet.

Die bisherigen Ausführungen der Arbeit[70] zeigen, daß der Einsatz von Intranets im Umfeld der RWG GmbH vorrangig zur Unterstützung von IuK-Prozessen eingesetzt wird. Für das Intranet-Leistungsprofil ergibt sich im wesentlichen folgendes Themenspektrum für den Einsatz bei württembergischen Genossenschaftsbanken:

- Ausbau der Unternehmensnetze zur Optimierung der internen Informationsversorgung und Kommunikationskanäle
- Aufbau einer IuK-Plattform
- Effizienzsteigerung bei internen IuK-Prozessen sowie nicht unterstützter Prozesse bei operativen Systemen (hinsichtlich der IuK-Versorgung)
- Optimierung der externen IuK-Strategie

Neben den Zielen einer „hausindividuellen" Intranetstrategie, der Ermittlung von Reorganisationspotentialen und der Umsetzung i.S.e. integrierten Gesamtansatzes für Organisation und Technologie sollen auch Nutzenkriterien wie Mitarbeiterzufriedenheit, Unternehmensimage, die Informationsversorgung per se sowie eine homogene interne und externe Intranet-Plattform angestrebt werden.

Die erarbeitete Methode stützt sich dabei auf in der Praxis durchgeführte Projektarbeit aber auch auf wissenschaftlich fundierte Vorgehensweisen bei der Einführung prozessorientierter IuK-Technologien.[71]

---

[70] Siehe hierzu 2.3.1.3 Prozessorientierter Ansatz in dieser Arbeit
[71] Vgl. auch Gierhake, Olaf: S.113 ff. oder auch Schwarze, Jochen: S.139 ff. oder auch Clive Day: Business Process Reengineering - Herausforderung für Consultants und ihre Auftraggeber, in it Management, 5.Jahrgang, Januar 1998, S.20 ff..

3.1 Vorstudie Intranet

Die Vorstudie dient der Initialisierung des Projektes durch Aufstellung eines Projektteams, Definition von Zielen und Umfang des Projektes, der Information und
Kommunikation des Projektes in der Bank sowie der Erhebung von Umsetzungsan-
forderungen sowie deren Priorisierung. Darauf aufbauend erfolgt eine Analyse
relevanter IuK-Prozesse, der DV-Infrastruktur, der vorhandenen formellen und informellen IuK-Kanäle sowie den Schwachstellen der derzeitigen IuK-Strukturen.

3.1.1 Rahmenbedingungen für das Intranet-Projekt

Die Rahmenbedingungen des Projektes definieren sich durch Einsetzung des Projektteams, Ziele und Inhalte des Projektes durch Aufstellung eines Intranet-Leitbildes
sowie das Briefing des Projektes.

Abbildung Projektteam

Die Zusammensetzung des Projektteams erfolgt abhängig von der Größe der zu bera-
tenden Bank. Die organisatorische Eingliederung des Projektteams wird i.d.R. durch
eine Matrix-Projektorganisation realisiert, d.h. die Projektmitarbeiter bleiben für die
Dauer des Projektes in die bisherigen Organisationshierarchie eingebunden.[72] Idealer-
weise erhält das Projekt durch Einsetzen eines Lenkungsausschusses mit
Führungskräften der Bank die erforderliche Entscheidungskompetenz.[73] Weiterhin ist
seitens der RWG GmbH und der Bank jeweils ein Projektleiter einzusetzen, welcher
die internen Anforderungen und Ziele nach außen vertritt, das Projekt nach innen
kommuniziert und verantwortet sowie den Einsatz von Ressourcen plant und
koordiniert.[74] Das Projektteam selbst setzt sich bei der Bank aus Mitarbeitern der

---

[72] Vgl. auch Schmidt, Götz: Methode und Techniken der Organisation, Gießen 1997,
  S.131 ff. oder auch Gierhake, Olaf: S.129 f..
[73] Vgl. auch Gierhake, Olaf: S.122 ff. oder auch Scholer, Stefan: S.76ff..
[74] Vgl. auch Schmidt, Götz: S.125 f. oder auch Gierhake, Olaf: S.130 f..

Fachbereiche zusammen, bei der RWG GmbH werden bei sehr großen Projekten Mitarbeiter aus den Bereichen Kundenbetreuung Bürosysteme sowie ggf. Technische Kundenbetreuung hinzugezogen.

Das Intranet-Leitbild oder auch Leitvision[75] ist als stille Organisations- und Handlungsanweisung für den weiteren Projektverlauf zu sehen, soll sich aus den „(...)Unternehmenszielen ableiten und einen konkreten Bezug zum Veränderungsbereich aufweisen."[76]. Es soll daher organisatorische wie auch technologische Zielsetzungen und Rahmenbedingungen für eine Intranet-Einführung definieren. Aus den o.a. Formulierung ergibt sich, daß das Leitbild nur gemeinsam mit den Führungskräften der Bank im Rahmen eines Kick-Off-Workshops erarbeitet werden kann.

Um auch bei den Mitarbeiter Akzeptanz für das bevorstehende Projekt zu erreichen, sowie die in diesem Zusammenhang erforderlichen organisatorischen und technologischen Veränderungen aufzuzeigen, muß das Projekt frühzeitig und bankweit kommuniziert werden. Dies kann durch ein sog. „Briefing Intranet" erfolgen, eine Mitarbeiterveranstaltung, in welcher Projektziele und -maßnahmen erläutert, Veränderungspotentiale aufgezeigt und ein erster Einblick in neue Technologien vermittelt wird.[77]

3.1.2 Erhebung und Priorisierung von Benutzeranforderungen

Unter Benutzeranforderungen an ein Intranet können Aufgaben, Objekte, Systeme aber auch organisatorische und technologische Verbesserungspotentiale verstanden werden. Erst durch identifizieren dieser Anforderungen ist es möglich, den Projektumfang zu definieren, erste Teilziele und -maßnahmen abzuleiten sowie Art, Dauer

---

[75] Vgl. auch Gierhake, Olaf: S.114 f.
[76] Ebenda, S.115.
[77] Vgl. auch Breitbart, Gerrard: Praxishandbuch IV-Management, Augsburg 1997, Lose
blattwerk Band 3, Teil 13/6.1, S.1 ff. oder auch Gierhake, Olaf: S.120 ff..

und Umfang erforderlicher Analysen festzulegen.[78] Eine Erhebung kann hierbei sowohl im Rahmen eines Workshops oder durch Einzelinterviews erfolgen. Zusätzlich zur Erhebung können aber auch bereits vorhandene durch die Bank selbst definierte Anforderungen an ein Intranet verwendet werden, ggf. kann bei einer umfassenden Anforderungsliste auf eigene Erhebungen verzichtet werden.

Nach der Erhebung müssen diese Anforderungen hinsichtlich ihrer Realisierung priosiert werden. Die Kriterien für die Priorisierung sind:

- Realisierbarkeit als Anwendung aus Sicht des Systempartners unter technischen und wirtschaftlichen Aspekten
- Dringlichkeit für bankinterne Prozesse und Aufgaben bzw. Funktionen
- Nutzenpotentiale für die Bank
- Komplexität der Anwendung aus technischer und organisatorischer Sicht
- Erstellungsdauer der Anwendung bei Eigenentwicklung durch den Systempartner.

Als Organisationstechnik kann hierbei die Darstellung der Anforderungen aus Banksicht in einer zweidimensionalen, dreistufigen Matrix erfolgen, wobei auf der horizontalen Ebene die Dringlichkeit mit niedrig, mittel, hoch und auf der vertikalen der Nutzeneffekt mit gering, mittel, hoch eingestuft wird.

Ergebnis der Anforderungserhebung und Priorisierung ist ein klar definiertes, modulares Vorgehen im Projekt, welches sich an den Faktoren Wirtschaftlichkeit, Realisierbarkeit und Bedarf ausrichtet.

---

[78] Vgl. auch: Paykowski, Reinhard: Evolution der Büroprozesse in: Office Management 9/98, S.44 f..

3.1.3 Ermittlung und Analyse von IuK-Strukturen und -Prozessen

Gegenstand der sich anschließenden Ermittlung und Analyse kann sowohl Prozess, Aufgabe, Objekt oder Funktion. Dabei differieren die Analysemethoden in Abhängigkeit zur priorisierten Anforderung. Im Rahmen einer effizienten Ermittlung und Analyse kann eine Klassifizierung von Anforderungen und Inhalten vorgenommen werden. Ohne den Fokus auf definierte Prioritäten zu verlieren, können sich hier dennoch erste Ansätze einer effizienteren Integration ergeben.

Für eine umfassende Ermittlung und Analyse stehen folgende Methoden zur Verfügung:

Technologiestrukturanalyse-TSA

Die Technologiestrukturanalyse dient der Erhebung der vorhandenen DV-technischen Infrastruktur. Insbesondere soll hierbei die Netzwerkarchitektur, das Netz- und Betriebssssystem, eingesetzte Netzwerkprotokolle, Art und Anzahl der PC- oder Terminal-Arbeitsplätze und installierte Software sowie ggf. Filialanbindungen in Art und Geschwindigkeit ermittelt werden.[79]

Die Analyse kann durch Interviews mit den verantwortlichen DV-Beauftragten durchgeführt werden.

Prozessanalyse

Im Rahmen der Prozeßerhebung können mehrere Methoden eingesetzt werden. Generell wird differenziert in Befragungs- und Beobachtungsmethoden.[80] Befragungsmethoden können mündlich durch Einzel- oder Gruppeninterviews oder schriftlich durch Fragebogenkataloge oder Fragebogentechniken durchgeführt werden.

---

[79] Vgl. auch Hills, Mellanie: S.184 f. oder auch Schwarz, Jochen: S.119f. .
  Anm. d. Verf.: Durch die homogene DV-technische Infrastruktur bei den, der RWG GmbH angeschlossenen, Banken und dem Einsatz eines Systems zur Netzüberwachung reduziert sich die Analyse auf wenige Faktoren.
[80] Vgl. Gierhake, Olaf: S.141. oder auch Schmidt, Götz: S.156 ff..

Beobachtungsmethoden können als Eigenbeobachtung durch Selbstaufschreibung, Dokumenten- und Datenanalysen und Berichte oder als Fremdbeobachtung mittels Multimomentaufnahmen und Arbeitsablaufaufnahmen gestaltet werden. Je nach Untersuchungsgegenstand können unterschiedliche Methoden zum Einsatz kommen. Im Rahmen der Geschäftsprozeßoptimierung durch die Effizienzberatung der RWG GmbH kommt die Befragung durch Einzelinterviews ggf. in Kombination mit Beobachtung durch Selbstaufschrieb zum Einsatz. Vereinzelt wurden aber auch Prozeßbeschreibungen durch die Bankmitarbeiter selbst anhand vorgefertigter Fragenkataloge durchgeführt.

Mengen- und Zeiterhebung

Die Erhebung von Mengen- und Zeiten kommt aufgrund ihrer Komplexität und des zeitlichen Aufwands der Erhebung per se eher selten zum Einsatz. Meist wird anstatt einer detaillierten Aufnahme mittels Stoppuhr und Zählen eine Schätzung der benötigten Daten erfasst. Bei einer Vielzahl von Erhebungsdaten relativieren sich eventuelle Fehleinschätzungen, sodaß auch bei einer Schätzung realistische Angaben vorliegen. Die Mengen- und Zeitenanalyse ist eine zusätzliche Methode zur Prozeßoptimierung und wird daher additiv zur Prozeßanalyse eingesetzt.

Informationsstrukturanalyse-ISA

Grundsätzlich kann in eine allgemeine, bankweite Informationsstruktur und eine spezielle, objektbezogene Informationsstruktur differenziert werden. Die Gesamtbankbetrachtung erfordert die Sicht auf Metainformationen hinsichtlich Gestaltung, Archivierung, Aufbau, Gliederung und Strukturierung[81]. Objektbezogene Informationen können analysiert werden nach Aktualiät, vorliegendem Format, d.h. Datei oder Schriftform, Autoren- und Leserrechten, individueller

---

[81] Vgl. auch Königer, Paul; Reithmayer, Walter: Management unstrukturierter Informationen - Wie Unternehmen die Informationsflut beherrschen können, Frankfurt/New York 1998, S.114.

Archivstruktur, z.B. Ort der Informationsablage und Verfallsdatum sowie prozessualen Abhängigkeiten wie Erstellungs-, Kontroll- und Publikationsprozeß[82].

Anwendung findet die bankweite Betrachtung meist nur bei der Einführung von Dokumentenmanagementsystemen oder komplexen Korrespondenzlösungen.

Die Erhebung kann durch Einzelinterviews oder Fragenkatalogen mit den zuständigen Aufgabenträgern, selten durch Selbstaufschrieb erfolgen und wird so auch im Rahmen der Einführung von Lotus Notes/Domino bei den württembergischen Genosseschaftsbanken durchgeführt.

Kommunikationsstrukturanalyse-KSA

Zwingend verbunden mit der Erhebung der Informationsstruktur ist die Analyse der Kommunikationsstruktur, da erst durch die Kommunikation, also das Übermitteln der Information eine effiziente IuK-Gestaltung möglich ist.[83]

Die Kommunikationsstruktur wird abgebildet durch Kommunikationspartner, Kommunikationskanal, d.h. direkte und indirekte Kommunikationsverbindungen, Kommunikationsmedium, Zeitbezug der Kommunikation, d.h. synchron oder asynchron, und Kommunikationsarchitektur.[84]

Die Erhebung findet auch hier meist durch Einzelinterviews oder anhand vorgefertigter Fragenkataloge statt. Ein Selbstaufschrieb ist hierbei aufgrund der Komplexität der Zusammenhänge nicht zu empfehlen.

Informations- und Kommunikationsbedarfsanalyse, Technologiebedarfsanalyse

Aufbauend auf den Ergebnissen der Strukturanalysen können durch die äquivalenten Bedarfsanalysen die noch fehlenden IuK- und Technologiebedarfe ermittelt werden. Der Fokus liegt hierbei jedoch auf dem zusätzlichen Bedarf an IuK-Medien und der Bereitstellung bzw. dem Ausbau der erforderlichen IuK-Infrastruktur und -Technologie.[85]

[82] Vgl. auch Breu, Birgit; Kampffmeyer, Ullrich: IST-Analyse als Voraussetzung für den Erfolg, in Betriebswirtschaftliche Blätter 6/97, S.296 f..
[83] Vgl. Schwarze, Jochen: S.107.
[84] Vgl. Schwarze, Jochen: S.107 f..
[85] Ebenda, S.99 ff..

Als Erhebungstechnik kommen hier meist Befragungen durch Fragenkataloge, Einzelinterviews oder auch moderierte Workshops zum Einsatz.

Schwachstellenanalyse

Auf Basis der Daten der Prozeß-, IuK-und Technologieerhebungen kann nun eine Analyse der Schwachstellen und Identifikation von Verbesserungspotentialen in den einzelnen Bereichen durchgeführt werden.

Für die Prozeßoptimierung ergeben sich Reorganisationspotentiale durch Wegfall von Prozeßschritten, Verkürzung des Gesamtprozesses und Zusammenlegung von Aufgaben.[86]

Die IuK-Analyse identifiziert Informationsdefizite in Menge, Aktualität und Homogenität sowie Kommunikationsdefizite durch Nutzung falscher Kommunikationskanäle oder einheitlicher Standards.

Bei der Technologieanalyse werden Schwachstellen hinsichtlich Störanfälligkeit von Systemen, unzureichender Infrastruktur fehlender Homogenität von Systemen und Anwendungen deutlich.

3.2 Intranet-Rahmenplan

In Phase 2 erfolgt die Präsentation der Analyseergebnisse aus der „Vorstudie Intranet", der Entwurf eines Intranet-Szenarios sowie die hieraus erforderlichen infrastrukturellen und organisatorischen Begleitmaßnahmen. Nutzenabschätzung und Bewertung ergänzen die vorgestellten Konzepte. Zusätzlich wird ein Betreuungskonzept für die technische und inhaltliche Pflege und Weiterentwicklung des Intranet erarbeitet und präsentiert.

---

[86] Ebenda, S.118.

3.2.1 Darstellung des Intranet-Szenario

Das Intranet-Szenario bildet die Rahmenkonzeption und umfaßt die inhaltlichen Schwerpunkte und identifizierten Module. Es basiert inhaltlich auf den ermittelten Anforderungen, den aktuellen und zukünftigen technischen Gestaltungsmöglichkeiten sowie den organisatorisch-technischen Umsetzungsmöglichkeiten. Die Präsentation erfolgt vor einem Entscheidungsgremium, z.b. dem Lenkungsausschuß, und dient auf der Grundlage der Struktur- und Bedarfsanalysen der Darstellung des Intranet-Szenarios. Schwerpunkt der Präsentation bilden, wie oben erwähnt, die Intranet-Technologie sowie erforderliche Begleitmaßnahmen, welche unter 3.2.2 detailliert erörtert werden.

Die vorgeschlagene Technologie wird sich hierbei an den strategischen Aussagen der RWG GmbH zum Aufbau eines Intranet bei den württembergischen Genossenschaftsbanken orientieren.

Auf Grundlage der bereits bei den Banken eingesetzten Client/Server-Architektur, dem Netzwerkprotokoll TCP/IP und dem Betriebssystem OS/2 bei Server und Arbeitsplätzen, wird der Einsatz eines separaten Lotus Domino-Server unter OS/2 als Plattform für Serverdienste und Unterstützung der IuK-Prozesse empfohlen. Als Front-End dient dabei ein proprietärer Notes-Client für eMail, Kalender und Prozessfunktionalität. Für die reine Darstellung von Informationsinhalten kann bereits heute ein Web-Browser eingesetzt werden. Dieser kann zudem für die Inhalte des RWG-Extranet und als Zugang zum Internet verwendet werden.

Als „application starters" werden unter Lotus Notes/Domino standardmäßig eMail, Kalender sowie der Rundschreibendienst DGIV installiert.

Die organisatorisch-technischen Umsetzungsmöglichkeiten werden anhand eines Machbarkeitsszenarios sowie der zeitlichen und finanziellen Bedarfe aufgezeigt.

3.2.2 Infrastrukturelle und organisatorische Begleitmaßnahmen

Um durch die Einführung eines Intranet IuK-Prozesse effizient zu gestalten, darf nicht an tayloristischen Arbeitsstrukturen festgehalten werden. Dies

> „(...) erfordert deshalb eine tiefgreifende Umorientierung. (...) und endet bei zum Teil einschneidend veränderten Organisationsformen: Abteilungen lösen sich auf, die Mitarbeiter finden sich in kleinen, operativen Einheiten wieder (...). Um wirklich optimierte Arbeitsstrukturen zu verwirklichen, sind jedoch nicht nur neue Techniken notwendig, sondern auch ein neues Bild der Unternehmensaktivitäten, ein Umdenken (...) hin zu einer ganzheitlichen Sicht auf die Unternehmensziele und Geschäftsprozesse."[87]

Das Potential der Veränderungsbereiche ist daher umfassend und reicht von technologischen und personellen Maßnahmen, der Veränderung von Arbeitsstrukturen[88], einem umfassenden business process reengineering, des Informationsmanagements, der Kommunikationskultur bis hin zur Corporate Identity.

3.2.2.1 Prozesse

Die ganzheitliche Sicht auf IuK-Prozesse ist zentrales Ziel der Intranet-Integration. Sie erfordert eine Betrachtung über Hierarchieebenen, Funktionen und Strukturen hinaus.

Die Prozeßoptimierung greift somit verändernd in nahezu alle Unternehmensbereiche ein. Nach erfolgter Prozeß- und Schwachstellenanalyse läßt sich somit folgendes Reorganisationspotential auf Prozeßebene[89] ermitteln:

- Verminderung der Anzahl der Prozeßschritte
- Änderung des bisherigen Prozeßablaufs per se
- Zusammenlegung bisher getrennter Prozesse

---

[87] Charlier, Michael: Dokumente elektronisch verteilt - Workflow/Geschäftsprozesse im Büro optimiert, in: Handelsblatt Ausgabe Nr.100 vom 27.5.98, S.25.

[88] Vgl. Weber, Wolfgang: Einflüsse der Informations- und Kommunikationstechnik auf die Arbeitsstrukturen, in: zfo-Zeitschrift Führung+Organisation,66.Jahrgang,3/1997,S.146ff..

[89] Vgl. Auch Gierhake, Olaf: S.186 ff..

- Parallele Bearbeitung von Prozeßschritten durch den Einsatz von
  Workflow-Tools
- Reduktion von Warte- und Liegezeiten
- Substitution nicht elektronifizierter Schnittstellen oder Dateninseln
- Wegfall von Prozessen ohne Wertschöpfung
- Termination von Prozeßredundanzen

Durch den gezielten Einsatz von Workflowmanagement-Systemen können diese
Potentiale effizient umgesetzt werden. Lotus Notes/Domino bietet hierbei aufgrund
seiner vorhandenen Groupwarefunktionalitäten die Voraussetzungen, Workflowmanagement-Systeme optimal zu integrieren.

Durch den Einsatz einer speziellen Lotus Notes/Domino-Entwicklungsumgebung bei
der RWG GmbH können Anwendungen mit Workflowfunktionalitäten realisiert werden
werden.

3.2.2.2 Technologie

Der Nutzung der Intranet-Technologie, mit der Folge stark zunehmender Datenvolu-
mina, bedingt neben der obligatorischen Neuanschaffung von Server und Lizenzen
auch die Einhaltung DV-technischer Mindestanforderungen an Arbeitsplatzsysteme,
hinsichtlich Prozessor und Arbeitsspeicher, und Datenleitungen. Die erforderlichen
Kapazitäten hängen hier von der Ausbaustufe, also Komplexität und Menge der zu
übertragenden Informationen, ab. Um den Investitionsbedarf auf einen längeren Zeit-
raum zu verteilen, kann eine schrittweise Erhöhung der Leitungskapazität bzw. dem
Ausbau des Intranets, in Anzahl der Nutzer oder Anwendungen, erfolgen.

3.2.2.3 Informationsmanagement

Durch die elektronische Abbildung von Informationen ergibt sich ein Reorganisati-
onsbedarf für nahezu alle Bereiche des Informationsmanagements. „Der Fokus liegt

auf dem Umgang mit unstrukturierten Informationen in Unternehmen; dort liegen große Rationalisierungspotentiale brach.(...) als strukturierte Datensätze geführte Informationen sind dagegen im Regelfall bereits gut organisiert."[90] Die Reorganisation der Informationsprozesse, -struktur, -kultur, -gestaltung, -qualität sowie Werkzeuge und Zugang zu Informationen versprechen hierbei die höchste Effizienz.[91]

Ziel der Informationsprozesse ist die optimale Unterstützung der operativen Geschäftsprozesse. Hierbei ist insbesondere auf Steuerungs- und Kontrollfunktion, Transparenz und Prozeßakzeptanz zu achten.[92]

Informationskultur stellt sich in erster Linie als Managementaufgabe dar und kann durch Motivation, Unterstützung, Schaffung von Problembewußtsein und Schulungsangeboten initiiert werden.[93]

Hohes Verbesserungspotential kann auch durch Informationsgestaltung, d.h. Struktur und Attraktivität, sowie Qualität der Information durch Aktualität, Zuverlässigkeit, Verfügbarkeit, Zielgruppenbezug erreicht werden.

Der Zugang zu Informationen sowie die hierfür erforderlichen Werkzeuge sind gerade für den Endbenutzer die entscheidenden Faktoren für eine umfassende und kontinuierliche Nutzung der Informationen. Es ist auf homogene Zugangswerkzeuge, wie Web-Browser oder Notes-Client, flächendeckende Bereitstellung sowie Inhaltsstrukturierung durch Metainformationen, d.h. Information über die Information, zu achten.[94]

Die Bedeutung der Strukturierung der Informationsbereitstellung steigt mit zunehmender Quantität von Informationen. War in den Anfängen elektronischer Informationsmedien noch von Informationsdefiziten die Rede, so kommt hat heute

---

[90] Königer, Paul; Reithmayer, Walter: S.7.
[91] ebenda, S.221.
[92] Vgl. auch Krcmar, H.: Die Flexibilität stößt oft an Grenzen - Neue Groupware-Systeme sollen Abhilfe schaffen, in computerwoche focus, Ausgabe Nr.4/97, S.12 f. oder auch Königer, Paul; Reithmayer, Walter: S.221 oder auch Scholer, Stefan: S.52 ff..
[93] Königer, Paul; Reithmayer, Walter: S.221.
[94] Königer, Paul; Reithmayer, Walter: S.221 f..

die Aussage „Information overload is a malady of our time"[95] durchaus seine
Berechtigung.

Hilfestellung bieten hier Push- (oder Broadcast-), Pull- und Subscription- Technologien des Internet um ein effizientes Management der Informationsbereitstellung zu
gewährleisten.[96]

Eine weitere Möglichkeit der Unterstützung bei der Informationsbeschaffung bietet
der Einsatz von Suchmaschinen, sog. Information Retrieval Systeme. Dabei kann
jegliche Form von Dokument, also Bücher, Zeitungsartikel oder Protokolle, innerhalb einer Dokumentenansammlung durchsucht werden. Die Suche kann als Volltext
oder anhand erfaßter Stichworte erfolgen und basiert auf einer Indexierung der
Einzeldokumente.[97]

Innerhalb eines Dokumentes bietet die Internet-Technologie durch einen Verweis,
auch Hyperlink, die Möglichkeit, von einem mit Verweis versehenen Objekt (Wort,
Satz, Image,...) zu einer speziellen Stelle im selben oder einem entfernten Dokument
zu gelangen.[98] Diese Technologie, wenngleich auch nicht so ausgereift, wird auch
unter Lotus Notes/Domino mittels sog. Hotspots eingesetzt.

3.2.2.4 Kommunikationsmanagement

Im Rahmen einer Reorganisation des Kommunikationssystems sind insbesondere
Strukturen und Beziehungen, Medien, Regelungen und Kanäle zu betrachten.[99] Faktoren eines intakten Kommunikationssystems sind:

- eine breite Auswahl an Kommunikationskanälen
- Realisierung von Strukturen zur Gruppen- und Teamkommunikation

---

[95] Telleen, Steven L.: IntraNet Methodology - Concepts and Rationale in Internet:
http://www.amdahl.com/doc/products/bsg/intra/concepts1.html , S.5.
[96] Vgl. Meltzer, Bart; Telleen, Steve L.: Using I-net Agents - Creating Individual Views
From Unstructured Content, in Internet: http://www.iorg.com/papers/agents.html , S.3.
[97] Vgl. Riggert, Wolfgang: S.54 f..
[98] Vgl. Riggert, Wolfgang: S.102 ff..
[99] Vgl. Herff, Wolfgang: S.6 ff..

- Anregung zum Meinungsaustausch z.B. über Diskussionsforen
- Qualitative Aspekte der Kommunikation, wie Stabilität der Netze und Systeme sowie hinreichende Geschwindigkeit
- Zugang und Vernetzung von Informationsquellen.[100]

Zu den bekannten Formen wie persönlicher Kommunikation, Telefon, Fax, Teletex, usw. gewinnen moderne Formen der Kommunikation zunehmend an Bedeutung. EMail, Diskussionsforen, Chat, Videokonferenzen und Communities oder Teamroom erleichtern die Kommunikation in der Bank und mit dem Kunden. Innovative Kommunikationskanäle bergen jedoch auch die Gefahr mangelnder Akzeptanz bei den Benutzern. Gründe liegen in unzureichender Einweisung und Schulung im Umgang mit den neuen Medien, fehlenden Richtlinien und Leifäden sowie der nicht konsequenten Umsetzung, Unterstützung und Befürwortung durch die Unternehmensführung.

Abhilfe schafft hier der Einsatz von Leitfäden für die elektronische Kommunikation, welcher den Umgang und das Verhalten erleichtert und Regeln für die Kommunikation aufstellt.

Um eine effiziente Kommunikation zu gewährleisten, müssen verbindliche Benutzerstrukturen in Form von virtuellen Teams, Projektgruppen, Abteilungen usw. geschaffen werden. Diese müssen formellen können aber auch informellen Charakter haben.

3.2.2.5 Personalmanagement

Erhebliche Potentiale beim Einsatz von IuK-Technologien ergeben sich auch in personeller Hinsicht. Nicht nur Rationalisierungsmaßnahmen durch Prozeßoptimierung sondern auch positive Auswirkungen durch neue Aufgaben und Stellen innerhalb des Unternehmens sind die Folge.

---

[100] Ebenda, S.6.

Content-Manager/-Master, Information-Broker, Informationsmanager, Web-Master, Web Administrator, Web-Designer, Authors, Publishers, Editors sind nur einige der neuen Bezeichnungen.[101]

Während der Informationsmanager bereits institutionalisierter Generalist und für die Evaluation, Entwicklung und Einführung von IV-Innovationen und -Systemen verantwortlich ist[102], sind Content-, Web-Master, Web-Designer etc. völlig neue Berufsbilder, welche unmittelbar durch die Entwicklung des Internet entstanden sind. Der Content-Master zeichnet sich für die Informationsinhalte im Intranet verantwortlich, der Web-Master ist für Aufbau und Anwendungsinhalte zuständig.[103] Diese Berufsbilder müssen im Unternehmen definiert und in die Unternehmensprozesse integriert werden. Je nach Unternehmensgröße können diese Aufgaben bei unterschiedlichen oder derselben Person liegen, bzw. durch den Systemlieferanten, hier z.B. die RWG GmbH, erfüllt werden.

Weitere Erfordernisse liegen im Schulungsbedarf der Mitarbeiter. Hier müssen Grundlagenschulungen für Lotus Notes, Administrationsseminare und ggf. Seminare zur Notes-Datenbankentwicklung bzw. Java-Entwicklung berücksichtigt werden. Für Mitarbeiter, welche an der Informationserstellung und -publikation beteiligt sind, im Rahmen von Workflows Editorenfunktion haben bzw. Workflows selbst definieren oder Content-Funktion haben, sind spezielle Anwendungsschulungen zu durchzuführen.

3.2.3 Nutzenabschätzung und Bewertung

Die Darstellung der organisatorischen und technologischen Determinanten der Integration lassen erkennen, daß die Einführung eines Intranet neben Investitionen in IuK-Technologie auch signifikante Änderungen in der Unternehmensorganisation erfordern. „In der betrieblichen Praxis wird die Anschaffung von Informations- und

[101] Vgl. auch Telleen, Steven L.: The IntraNet Architecture - Managing information in the new paradigm in Internet: http://www.amdahl.com/doc/products/bsg/intra/infra.html oder auch o.V.: Mastering New Roles, in Internet: http://www.metagroup.com/neww...
[102] Vgl. auch Schwarze, Jochen: S.244 f..
[103] Vgl. auch Hills, Mellanie: S. 218 ff..

Kommunikationssystemen jedoch oftmals nur mit unzureichenden oder sogar ohne jeden Wirtschaftlichkeitsnachweis durchgeführt."[104] Es ist daher erforderlich, angesichts der unter 1.2 dargestellten Ertrags-, Struktur- und Wettbewerbssituation der württembergischen Genossenschaftsbanken, neben den Kosten der Einführung speziell den Nutzen der neuen IuK-Technolgie aufzuzeigen.[105]

3.2.3.1 Betrachtung der Kostenfaktoren

Die Kosten[106] für die Systemintegration ergeben sich aus den unter 3.2.2 dargestellten Determinanten. Hierbei soll die Sicht auf budgetierbare Kosten beschränkt bleiben[107]. Die Wirtschaftlichkeitsanalyse i.S.d. Total Cost of Ownership (TCO) mit einer zusätzliche Betrachtung von unbudgetierten Kosten und „versteckten" Endbenutzerkosten[108], bleibt somit aufgrund der damit einhergehenden umfangreichen Untersuchungen der Kostenstrukturen für das Ziel Intranet-Einführung unberücksichtigt.

Laufende Kosten für Einführung und Betrieb des Intranet finden dann Berücksichtigung, wenn sie zum Zeitpunkt der Entscheidung erforderlich und bekannt sind, bzw. geschätzt können. So werden z.B. Personalkosten für eine neue Stelle Lotus/Notes-Domino Administration auf Basis bisheriger Erfahrungen bei vergleichbaren Banken angesetzt. Spätere Mehrkosten durch unerwartete Systemausfälle, Know-How-Defizite beim Stelleninhaber oder überdurchschnittliche

---

[104] Antweiler, Johannes: Wirtschaftlichkeitsanalyse von Informations- und Kommunikationssystemen (IKS), Köln 1995, S.5.
[105] Vgl. Scholer, Stefan: S.64.
[106] Vgl. Scholer, Stefan: S.64 ff. oder auch Antweiler, Johannes: S.66 ff..
[107] Diese Aussage trifft auf die klassischen Verfahren der Wirtschaftlichkeitsbetrachtung zu. Neuere Ansätze zur Kostenanalyse bietet das Verfahren des Total Cost of Ownership (im nachfolgenden auch „TCO"), welches eine detailliertere Kostenanalyse zuläßt. Der Einsatz von TCO bietet sich an, um Entscheidungen zwischen unterschiedlichen oder dem generellen Einsatz von Systemen zu treffen oder konkrete Maßnahmen zur Kostenoptimierung durchzuführen.
Vgl. hierzu auch Barnekow, Thomas: Was kosten Groupware und Intranet wirklich? Ermittlung der Total Cost of Ownership, in: notes magazin 1-2/99, S.12 ff..
[108] Vgl. Kopperger, Dietmar: Total Cost of Ownership - Ein Konzept zur Bewertung der DV-Wirtschaftlichkeit, Fachreferat, in: Dokumentation Fachtagung „Dokumenten- und Workflow-Management V", Stuttgart 1997, S.11 ff. .

Systemadministration können lediglich im Rahmen von Folgeprojekten Berücksichtigung finden.

Die nachfolgende Abbildung gibt einen Überblick über die wesentlichen bei der Intranet-Einführung entstehenden Kosten:

Determinanten	Einzelfaktoren
Intranet-Infrastruktur	• Lotus Notes/Domino Server (Hardware und Lizenz) • Ausbau Netzwerk (Leitungskapazität, Netzteilnehmer,..) • Lotus Notes Lizenzen • Installation • Datenschutz-, Datensicherheitsmaßnahmen (Firewall, Stromversorgung, Streamer, ...) • Dokumentenarchivierung (Hardware,..)
Intranet-Anwendungen	• Eigenentwicklung von Anwendungen • Betrieb von Anwendungen (Support, Weiterentwicklung, Administration,...) • Kauf (Lizenzen, Integration, Administration,...)
Organisation	• Consulting • Change-Management (IuK-Kultur, -Struktur,..) • Process Reengineering
Personal	• Anwendungs- und Systemschulungen • Stellenveränderungen intern • Personalbeschaffung
Kommunikation	• Verbindungskosten • Erstellen, bearbeiten, Lesen von Kommunikationsobjekten
Information	• Erstellung von Intranet-Inhalten • Pflege von Intranet-Inhalten • Archivierung (als Aufgabe)

- 42 -

3.2.3.2 Bewertung des Nutzens

Im Gegensatz zur traditionellen Kostenanalyse sind Aussagen über Nutzeneffekte nur bedingt bzw. mit hohem Aufwand realisierbar. Wesentliche Gründe hierfür liegen einerseits in der Problematik der Ermittlung, Bewertung und Beurteilung qualitativer Nutzenkriterien, zum anderen aber auch in der zeitlichen Verzögerung des zu erwartenden Nutzens.[109]

Mit dem bankweiten Einsatz von GEBOS können unter Kostenaspekten infrastrukturelle Synergieeffekte für die Intraneteinführung genutzt werden. Im Hinblick auf die Zielsetzung des Vorgehensmodells mit der unmittelbaren Sicht auf den Nutzen bedeutet dies, daß Kostenfaktoren, soweit sie zum Zeitpunkt der Einführung determiniert und kalkulierbar sind, lediglich informatorischen Charakter haben und nicht traditionell der Entscheidungsfindung für den Einsatz von Lotus Notes/Domino an sich dienen. Der Integration bei den württembergischen Genossenschaftsbanken geht somit unter Kenntnis der benannten Kostenfaktoren der Beschluß für die Systemeinführung voraus. Daraus ergibt sich als zentrales Ziel der Nutzenabschätzung, Empfehlungen und Aussagen zu weiteren Maßnahmen für die Anwendungs- und Prozeßoptimierung treffen zu können.

Die hierbei verwendete „Methode des vernetzten Denkens" basiert auf Erkennen von Wirkungszusammenhängen beim Einsatz eines Intranet. Die nachfolgende Abbildung gibt einen Gesamtüberblick über diese Methode.

---

[109] Vgl. auch: Antweiler, Johannes: S.6 f.

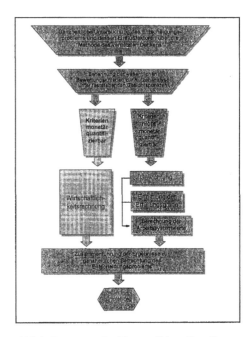

Abb.1: Bewertung des Nutzeneffektes über die
„Methode des vernetzten Denkens"

In Abhängigkeit zum Untersuchungsobjekt kann eine Betrachtung des Gesamtsystems Intranet oder einzelner Anwendungsmodule erfolgen. Ausgehend von direkten strategischen Zielen oder operativen Effekten werden die jeweiligen Folgewirkungen ermittelt, die Wirkungsrichtung bestimmt (positiv oder negativ) und abschließend kategorisiert[110]. Die so identifizierten „ goals" jeder Kategorie dienen als wesentliche Bewertungskriterien zur Nutzenanalyse.

Die Kriterien werden über ihren quantitativen und qualitativen Nutzen unterschieden. Die Darstellung des monetär quantifizierbaren Nutzens kann durch traditionelle Wirtschaftlichkeitsrechnung erfolgen. Die Bewertung der nicht monetär quantifizierbaren Kriterien erfolgt durch Nutzwertanalyse. Hierbei müssen die Kriterien durch die Bank gewichtet und die Erfüllungsgrade anhand vorbereiteter Aufgabenkataloge und Bewertungsbogen ermittelt werden. Ergebnis ist dabei ein sog.

---

[110] Antweiler, Johannes: S.126 ff..

Arbeitssystemwert, welcher zum Zwecke der Ermittlung des tatsächlichen Nutzens jeweils vor und wenige Monate nach Einsatz des Systems errechnet wird. Langfristiges Ziel ist auch der Aufbau eines Benchmarking, welches den Vergleich der württembergischen Genossenschaften beim Einsatz von Iuk-Systemen und -Anwendungen zuläßt.

Nach Ermittlung der quantitativen und qualitativen Nutzeneffekte erfolgt die Zusammenführung der Teilergebnisse zur ganzheitlichen Betrachtung des Entscheidungsproblems mit dem Ziel einer bankindividuellen Empfehlung.

3.3 Strategie-Entscheidung Intranet

Nach Ausarbeitung der unter 3.2.2 dargestellten Rahmenbedingungen für eine effiziente bankweite Integration und dem daraus abgeleiteten individuellen Handlungsbedarf für die Bank sowie der Evaluierung des zu erwartenden Nutzens[111] , erfolgt die Entscheidung über die Strategie beim Einsatz von Lotus Notes/Domino durch den Lenkungsausschuß bzw. die Führungsgremien der Bank. Strategiefelder sind hierbei:

- Definition der Anwendungsmodule, die gemäß der durchgeführten Erhebung und Priorisierung eingesetzt werden sollen, sowie deren zeitlicher Einsatz. Ggf. sind hier auch Empfehlungen für Fremdsysteme auszusprechen, wenn die RWG GmbH als originärer Systemlieferant keine adäquaten Inhalte anbieten oder realisieren kann
- die Art der einzuleitenden Maßnahmen aus organisatorischer, personeller und technischer Sicht, dies sind insbesondere Investitionsentscheidungen, Reorganisationsmaßnahmen sowie Schulungs- und Trainingsmaßnahmen
- die Aufstellung eines Projektplanes mit Zeit-, Kosten- und Ressourcenplanung

---

[111] Hierbei werden Erfahrungen aus früheren Projekten sowie Vergleiche über das aufzubauende Benchmarking den tatsächlichen Nutzen der Integration ersetzen, da dieser erst nach Systemeinführung ermittelt werden kann.

3.4 Organisatorisch-technische Implementierung des Intranet

Nach Definition der technisch-organisatorischen Rahmenbedingungen erfolgt die Realisierung und Implementierung der Anwendungsmodule in der Reihenfolge der definierten Priorität. Nach Aufbau der IuK-Infrastruktur auf Basis des Lotus Domino Servers, der Installation des Lotus Notes Client und ggf. Netscape Navigator am Arbeitsplatz erfolgt die Anwendungsimplementierung.

Generell erfolgt das Vorgehen bei Entwicklung und Dokumentation der Anwendung durch ein bereits unter GEBOS bewährtes Versionierungsmodell, jedoch unter Beachtung der, im Verhältnis zur bisherigen Software-Anwendungsentwicklung, stark verkürzten Entwicklungszeiten bei Intranet-Anwendungen.

Bei Eigenentwicklung durch die RWG GmbH werden Bank-Anwendungsmodule ausschließlich auf der Plattform Lotus Notes/Domino erstellt. Unterstützend wird hierbei ein Entwicklungs-Kernel der Firma GEDYS eingesetzt, welches u.a. die Realisierung von Workflow-, Vorlagen-, Einstellungen-, Druck- und Adressfunktionalitäten vereinfacht.

Zielsetzung der RWG GmbH ist zudem die Entwicklung allgemein verwendbarer Anwendungen, um für alle württembergischen Genossenschaftsbanken ein homogenes Umfeld zu gewährleisten sowie den Support- und Weiterentwicklungsaufwand in einem vertretbaren Rahmen zu halten.

Bei der Implementierung von Anwendungsmodulen lassen sich zudem folgende Vorgehensweisen unterscheiden:

- Neuentwicklung durch die RWG GmbH
  Nach der Feinspezifikation der Anwendungsanforderungen und der Erstellung des Fachkonzepts folgt die Realisierung anhand des Prototyping-Verfahrens. Es wird dabei ein erster Anwendungsprototyp entwickelt und bei der Bank als Testanwendung installiert. Nach Ablauf der Testphase erfolgt das fachliche Review i.S.d. Autor-Kritiker-Zyklus durch die Bank und die Weiterentwicklung des eingesetzten Moduls auf Basis erweiterter bzw. veränderter Anforderungen. Im Anschluß an eine Pilotierungsphase erfolgt die Freigabe der Anwendung.

Parallel zur Test- und Pilotierungsphase wird das nächste Modul spezifiziert, beschrieben, entwickelt und zum Test bei der Bank installiert. Dieses Vorgehen wiederholt sich, bis alle bei der Strategie-Entscheidung beschlossenen Anwendungsmodule umgesetzt wurden.

- Integration bestehender Anwendungen in das Bank-Intranet. Dies können Eigen- oder Fremdentwicklungen, z.B. durch andere Banken, sein. Eine Pool-Dienstleistung durch die RWG GmbH soll angestrebt werden.

- Durch Customizing, d.h. auf Basis bereits durch die RWG GmbH entwickelter Anwendungen, werden institutsspezifische Anpassungen im Rahmen der Integration vorgenommen.

Parallel zur Implementierung der Anwendungen erfolgt die Umsetzung organisatorischer Begleitmaßnahmen. Insbesondere ist darauf zu achten, daß Schulungs- und Trainingsmaßnahmen rechtzeitig abgeschlossen, neue Aufgaben und Stellen geschaffen und kommuniziert sowie IuK-Prozesse reorganisiert sind.

3.5 Ausbau und Weiterentwicklung

Letzte Phase des Intranet-Vorgehensmodells stellt die Kontrolle von Anwendungen, Nutzen und Strategie dar. Die eingesetzten Anwendungen werden hinsichtlich ihrer Verwendbarkeit in der täglichen Praxis überprüft, neue Anforderungen erhoben, priorisiert und i.S.d. Potentialanalyse bewertet, wodurch ein permanenter Review und Ausbau des Intranet gewährleistet wird.

Ein auf Basis der Erhebung zur Nutzenanalyse durchgeführtes Erfolgscontrolling soll den tatsächlich eingetretenen Nutzen verifizieren. Dabei wird anhand der bereits im Vorfeld eingesetzten Fragen- und Aufgabenkataloge der Zielerreichungsgrad nach Einsatz der Anwendungsmodule und IuK-Begleitmaßnahmen ermittelt.

Die unter Punkt 3.3 getroffenen Strategieentscheidungen werden auf ihre Gültigkeit hinsichtlich neuer Anforderungen sowie Markt - und Technologieentwicklung überprüft, ggf. angepasst und im Rahmen eines neu zu definierenden Projektes umgesetzt.

4. Exemplarische Einführung bei der Volksbank Herrenberg eG

Das unter Abschnitt 3 vorgestellte allgemeine Intranet-Vorgehensmodell wird nachfolgend anhand der exemplarischen Einführung bei der Volksbank Herrenberg eG praxisnah erläutert. Die vollständige Umsetzung ist zum aktuellen Zeitpunkt noch nicht abgeschlossen. Neben der bereits im Vorfeld des Projektes realisierten IuK-Infrastruktur auf Basis der Lotus Notes/Domino-Plattform wurden bisher folgende Projektschritte realisiert:

- Projektauftaktsitzung mit Definition des Projektteams und Erstellung eines Intranet-Leitbildes
- Erhebung von Benutzer- und Umfeldanforderungen mit Schwachstellenanalyse
- Priorisierung der Anforderungen
- IST-Analyse, Fachkonzept und Anwendungsentwicklung der Unternehmensdokumentation „Richtlinien- und Informationshandbuch"
- Einsatz eines Leitfadens zur elektronischen Kommunikation
- Darstellung der Wirkungsketten auf Intranet-Module
- Entwicklung eines Aufgaben- und Fragenkatalogs zur Nutzenanalyse

4.1 Projektinitialisierung

Die IuK-Infrastruktur bei der Volksbank Herrenberg eG stellte sich zu Projektbeginn wie folgt dar:

Mit den Einsatz von GEBOS als operatives System für das traditionelle Bankge-
schäft waren die Anforderungen an die Intranet-Infrastruktur durch
Client/Server-Architektur, Netzwerktopologie und dem Einsatz von TCP/IP als Netzwerkprotokoll hinreichend erfüllt. Als originärer Lotus Notes- und Intranet-Server
wurde Lotus Domino 4.5.2b sowie an den Arbeitsplätzen Lotus Notes Client 4.5 eingesetzt. Im Projektverlauf wurden fast alle Arbeitsplätze zusätzlich mit dem
Web-Browser Netscape Navigator 2.02 für OS/2[112] ausgestattet. Der Anschluß der
Filialen wurde über 64 Kbit-Verbindungen hergestellt. Im Verlaufe des Projektes
erwies sich diese Kapazität bei gleichzeitigem Einsatz von GEBOS und Lotus Notes
als zu gering.

Für dieses Projekt wurde bei der Volksbank Herrenberg eG ein sog. „Noch-besser-
Team Information und Kommunikation" eingesetzt, welches sich aus insgesamt 8
Mitarbeitern aus den Bereichen Markt, Marktfolge und Zentralbereiche und dem Pro-
jektleiter bei der Volksbank Herrenberg eG zusammensetzt. Die Projektmitglieder
nehmen an den regelmäßig stattfindenden Projektsitzungen teil und bearbeiten die im
Projekt gestellten Aufgaben.

Hauptziele der Volksbank Herrenberg eG bei der Durchführung dieses Projektes
waren die Verbesserung der Informationsqualität, Kosteneffizienz bei der Informationsverteilung, schnellere Informationsverteilung durch Verwendung elektronischer
Medien, die Schaffung einer bankweiten Wissensbasis sowie die Unterstützung der
IuK-Prozesse in der Bank.

Das im Rahmen des Projekt Kick-Off gemeinsam erarbeitete Leitbild[113] soll Rahmenbedingungen und Zielgrößen für ein Intranet bei den württembergischen
Genossenschafsbanken definieren.

---

[112] Diese Version entspricht der Windows-Version 3.0. Die Funktionalitäten können für die
Zielsetzung des Projekts als ausreichend bezeichnet werden.
[113] An der Erstellung des Intranet-Leitbildes waren folgende Institutionen beteiligt:
Volksbank Herrenberg eG, Fraunhofer IAO, RWG GmbH

- 49 -

Leitbild für das Projekt „Intranet"

- Anbindung aller Arbeitsplätze in der Filialbank

- Erweiterung bzw. Ergänzung der bestehenden I&K-Infrastruktur, d. h. Kein Ersatz bestehender Transaktionssysteme wie z. B. GEBOS der RWG

- Homogener Zugriffsweg auf die hausweit erforderlichen Informationen (z.B. einheitlicher Web-Browser)

- Kombination der Informationsbereitstellung für Spezialisten (Detailinformation) und Generalisten (Hintergrundinformation)

- Gezielte Information (Zielgruppenorientierung) statt Informationsüberflutung, d. h. Berücksichtigung von Selektionsmechanismen und zielgruppenorientierte Verteilung

- Mittel zur Optimierung der Geschäftsprozesse, insbesondere Verbesserung der teil- bzw. unstrukturierten Informations- und Kommunikationsprozesse. (nicht: Transaktionssystem-unterstützte Prozesse)

- Möglichkeit zur "Erweiterung der Prozeßgrenzen" nach außen, d. h. Berücksichtigung der Option zur An-/Einbindung des Intranet in ein Extranet (z. B. Verbundpartner) bzw. Internet

- Überschaubare Investitionsvolumina, abschätzbare Kosten für Einführung, Betrieb und Weiterentwicklung

- Berücksichtigung von Kosten-Nutzen-Abwägungen bei der Gestaltung des Intranets

- Investitionsschutz, d. h. bestehende Investitionen in Hardware und Software sind zu berücksichtigen, Investitionssicherheit bei künftigen Weiterentwicklungen des Systems ist weitestgehend sicherzustellen

- Erhöhung der Attraktivität der Arbeitsplätze durch eine moderne I&K-Plattform

- Einbindung "sozialer" Inhalte in das Intranet, z. B. Hinweis auf Veranstaltungen der Bank für seine Mitarbeiter bzw. Initiativen von Mitarbeitern für Mitarbeiter

- Einsatz-Szenario kann sich der Unternehmensphilosophie anpassen, z. B. Ausrichtung an einer Vertrauens- oder Regelungskultur

Anforderungen zur Einführung und Umsetzung im Rahmen eines Intranets bei Filialbanken

- Möglichkeit zur Einflußnahme der Anwender auf die Weiterentwicklung der Lösung (partizipativer Ansatz), auch frühzeitige Information der Personalvertretungen über die Inhalte und sich daraus ergebende Änderungen im Arbeitsablauf und an den Aufgabeninhalten der Mitarbeiter

- Unterstützung / Förderung durch den Vorstand (z.B. durch aktive Nutzung des Systems), Vorbildfunktion

- Sicherstellung der (bestehenden) Sicherheitsanforderungen auch im Intranet

---

Abb.2: Intranet-Leitbild

4.2 Anforderungserhebung und Schwachstellenanalyse

Erste Projektmaßnahme war die Erhebung von Benutzer- und Umfeldanforderungen bei der Volksbank Herrenberg eG. Die Erhebung wurde mittels eines Fragebogens, welcher als Anlage beigefügt ist, bei insgesamt 13 Mitarbeitern der Volksbank durchgeführt. Die Auswahl der Mitarbeiter wurde hierbei so gewählt, daß ein möglichst umfassender Querschnitt durch alle Bereiche und Hierarchiestufen erfolgen konnte. Dies hatte auch den positiven Nebeneffekt einer frühzeitigen Information und Einbindung der Mitarbeiter in den Gestaltungsprozeß und führte zu einer Verbesserung der Akzeptanz bei der Gesamtintegration. Die Befragung wurde mittels Interviewtechnik durch Mitarbeiter des Fraunhofer IAO und der RWG GmbH durchgeführt. Die durchschnittliche Zeit je Interview betrug 1,5 - 2 Stunden, wobei durch Hinterfragen einzelner Sachverhalte weitere Hinweise zu den einzelnen Themenkomplexen erhalten werden konnten. Hauptziele der Erhebung waren:

- Kommunikationsverhalten und -medien
- Unterstützungs- und Informationsbedarf der Mitarbeiter
- Derzeitiger Einsatz von IuK-Technik
- Anforderungen an die Unternehmens-DV
- Anforderungen, Bedarf, Erwartungen und Befürchtungen beim Einsatz von IuK-Technik

4.2.1 Kommunikationsverhalten und -medien

Gefragt wurde nach der Nutzung von Kommunikationsmedien, wobei differenziert wurde in interne und externe Medien. Hohe Nutzung intern wie extern erfährt das Medium Telefon/Fax. Während die Bereiche Post/Hauspost und Persönlicher Kontakt ungefähr gleichhohen Anteil haben, ist die Nutzung durch IuK-Technik noch sehr gering, was aber auch auf die noch fehlenden IuK-Systeme zurückzuführen ist. Betrachtet man den Anteil an interner Hauspost und Telefon unter Einbezug der im Bereich Störfaktoren erhobenen Ergebnisse, so läßt hier ein deutliches

Verbesserungspotential für die asynchrone Kommunikation über Lotus Notes erkennen.

Die Nutzung der externen Kommunikation beschränkte sich aufgrund der technischen Möglichkeiten auf wenige Arbeitsplätze und erklärt so den geringen Anteil des eMail Aufkommens an der Gesamtkommunikation. Durch die Einführung von Lotus Notes werden sich die Rahmenbedingungen erheblich verbessern. Mit steigendem eMail-Aufkommen ist zu rechnen. Hieraus ergeben sich neue Handlungsnotwendigkeiten wie IuK-Prozeßreorganisation, Schulungsbedarfe und Regeln und Richtlinien für die elektronische Kommunikation.

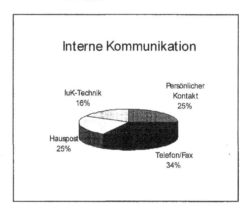

Abb.3: Interne Kommunikation

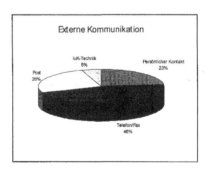

Abb. 4: Externe Kommunikation

4.2.2 Derzeitiger Einsatz von IuK-Technik

Neben der Erhebung zum Einsatz der derzeit eingesetzten Software wurden auch relevante Störfaktoren im Iuk-Prozeß hinterfragt. Das allgemeine Innovationsklima der Bank findet sich auch in der positiven Einstellung der Mitarbeiter zur Unternehmens-DV und dem hohen Nutzungsgrad von Standardsoftware wieder. Dies kann sich positiv auf die Akzeptanz von Lotus Notes basierten IuK-Anwendungen sowie dem späteren Umgang mit dem Web-Browser auswirken. Die noch geringe Nutzung von eMail und Kalenderfunktionen in Lotus Notes sowie die Unsicherheiten im Umgang mit dem neuen Medium machen die Bedeutung des Einsatzes von Benutzerleitfäden in diesem Bereich deutlich.

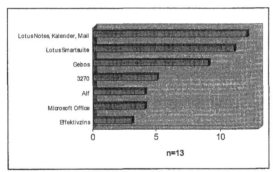

Abb.5: Einsatz von IuK-Technik

Die evaluierten Störfaktoren weisen deutlich auf mangelnde Unterstützung von IuK-Technik bei IuK-Prozessen hin. Hier ergeben sich erste Ansätze einer Prozeßoptimierung durch den gezielten Einsatz von Lotus Notes-Anwendungen.

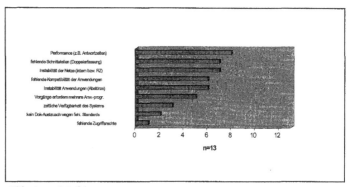

Abb. 6   Störfaktoren

4.2.3 Anforderungen an die Unternehmens-DV

Die Frage nach Stabilität und Kompatibilität der DV-Infrastruktur ergab, daß trotz Einsatz neuester Technologien Probleme bei der Nutzung der Syteme auftreten. Dies bedingt sich auch durch die parallele Nutzung verschiedener Anwendungen am Arbeitsplatz, woraus sich ein deutliches Verbesserungspotential durch den Einsatz Intranet-basierter Anwendungen ergibt.

Die Mitarbeiter fühlten sich ausreichend geschult und gut betreut. Hinsichtlich dem Einsatz neuer Technologien und Anwendungen kann hier mit guten fachlich-inhaltlichen Unterstützungsmaßnahmen durch die Bank gerechnet werden.

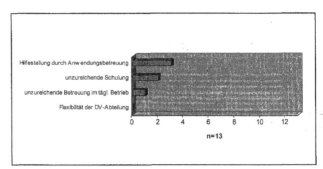

Abb. 7: Unterstützung durch die Anwendungsbetreuung

4.2.4 Unterstützungs- und Informationsbedarf

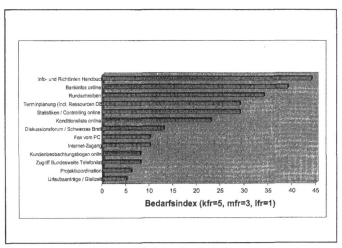

Abb. 8: Unterstützungs- und Informationsbedarf

Bei der Evaluierung der Unterstützung durch neue IuK-Anwendungen wurde der
hohe Bedarf an statischen Informationsinhalten durch elektronische Darstellung
vorhandener papierhafter Informationen deutlich. Insbesondere umfangreiche oder
oft verwendete Informationen waren in der Präferenz der Umsetzung deutlich nach-
gefragt. Deutlich wurde bei der Befragung die hohe Ineffizienz bei der
Informationssuche und -beschaffung. Hier können Hilfswerkzeuge wie das Volltext-
Retrieval-Verfahren unter Lotus Notes/Domino, die strukturierte Darstellung der
Informationen und die Verwendung von Metainformationen sowie der Einsatz der
optischen Archivierung als Basis eines Dokumentenmanagement-Systems effiziente
Ansätze zur Optimierung liefern. Häufigste Nennung von Anwendungsmodulen
waren:

- Richtlinien- und Informationshandbuch, welches im wesentlichen Arbeitsanweisungen, Richtlinien und organisatorische Informationen enthält.

- Bankinfos online beschreibt eine Kategorie von Informationsinhalten, welche
nicht originär das Tagesgeschäft betreffen, jedoch einen hohen Stellenwert bei

der effizienten Abwicklung desselben haben, z.b. Telefonlisten, Ansprechpartner, Personal- und Betriebsratsinfos, Gesamt-Terminplan Bank.

- Rundschreiben, hier sind die RWG Kundeninformationen gemeint, stellen einen wichtigen Baustein zur Abwicklung des Tagesgeschäfts dar. Die Umsetzung und Darstellung über Lotus Notes wurde bereits durch die RWG GmbH mit der Anwendung DGIV realisiert

Die in der Abbildung dargestellten Anwendungen wurden nach ihrer Dringlichkeit mit den Faktoren 5 = kurzfristig erforderlich, 3 = mittelfristig erforderlich und 1= langfristig erforderlich gewichtet. Eine Abweichung der Reihenfolge zur Häufigkeit der Nennungen wurde hierbei nicht festgestellt.

4.2.5 Erwartungen und Befürchtungen beim Einsatz neuer IuK-Technologien

Dem Einsatz neuer Technologien gehen auch immer Erwartungen und Befürchtungen der zukünftigen Anwender voraus. Bei der Befragung wurde deutlich, daß der Bereich Information und Kommunikation auch bei den Mitarbeitern einen hohen Stellenwert einnimmt und deutliche Verbesserungen erwartet werden. Insbesondere durch den Ersatz von Papier, die Unterstützung und Vereinfachung der Arbeit sowie eine schnelle und rationelle Prozeßabwicklung erhoffen sich die Mitarbeiter eine Optimierung bei der Informationsverwaltung und -versorgung sowie bei der Kommunikation der Information, also dem Informationsaustausch.

Hohe Potentiale liegen hier beim Einsatz von Lotus Notes als Basis für das bankweite Wissensmanagement. Durch die Verbesserung der Informationsversorgung mit direkten Auswirkungen auf die Beratungsqualität, der effizienten Abwicklung interner IuK-Prozesse und schneller Kommunikationswege entsteht ein indirekter Nutzen für das Kerngeschäft der Bank.

Daß der Einsatz neuer Technologien nicht nur Vorfreude erzeugt sondern auch
Befürchtungen und Ängste weckt, macht die Notwendigkeit des Einsatzes organisa-
torischer Begleitmaßnahmen wie die rechtzeitige und umfassende Information der
Mitarbeiter bewußt.

So wurden folgende Befürchtungen wahrgenommen:

- „Business as usual", d.h. trotz Einsatz neuer Technologien bleiben alte Strukturen
  und Arbeitsweisen erhalten
- Abhängigkeit vom PC als alleiniges Arbeitsmittel
- Technologieangst
- „Isolation" als Folge der elektronischen Information und Kommunikation
- Unzureichender Datenschutz

Aus Sicht der Volksbank Herrenberg eG und deren Systempartner RWG GmbH wird
somit deutlich, daß das zukünftige Angebot an Intranetinhalte bzw. Lotus Notes-
Applikationen die Aspekte Zusatznutzen, Anwendungsintegration, gesamtheitlicher
Lösungsansatz, Übersichtlichkeit und Evolution von Anwendungen sowie Ausbau
der IuK-Infrastruktur berücksichtigen muß.

4.3 Priorisierung von Anforderungen

Aufbauend auf den Ergebnissen aus der Anforderungserhebung wurde eine Priorisie-
rung der ermittelten Anwendungsmodule durchgeführt. Dabei wurde die unter 4.2.4
Unterstützungs- und Informationsbedarf ermittelte Dringlichkeit zugrundegelegt und
auf technische und termingerechte Realisierbarkeit geprüft. Danach erfolgte eine
Kategorisierung hinsichtlich der Reihenfolge der Umsetzung durch die RWG GmbH.
Die nachstehende Abbildung gibt hierüber Auskunft.

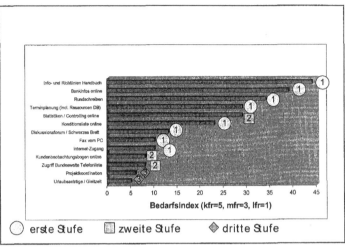

Abb. 9:   Priorisierte Module

4.4 Leitfaden für die Kommunikation

Bei der Bewertung der Anforderungserhebung wurde deutlich, daß sich der Umgang
mit dem neuen Medium „Elektronische Kommunikation" noch nicht in der Unternehmenskultur manifestiert hat. Die erforderlichen arbeitsorganisatorischen
Gestaltungsprozesse und das Bewußtwerden einer neuen Kommunikationskultur
müssen durch begleitende Maßnahmen unterstützt werden. Hierbei sind der Einsatz
von Leitfäden zur elektronischen Kommunikation für die Verhaltenssteuerung sowie
Richtlinien als Mindeststandard und Sicherstellung der Anforderungen an die
betriebliche Kommunikation erste Ansätze einer ganzheitlichen Integration.
Der „Benutzerleitfaden zur elektronischen Kommunikation" soll die originär kom-
munikativen Bereiche Mail, Kalender und Diskussionsforum unter Lotus
Notes/Domino erklären und Hilfestellung im Umgang mit diesen Medien geben. In
einer ersten Version 1.0 wurde Mail als zentrale Plattform der elektronischen Kommunikation benutzerbezogen dargestellt. Nachfolgend werden die wesentlichen
Inhalte deskriptiv aufgeführt, der vollständige Leitfaden befindet sich im Anhang B:

- Begriffsdefinition: Erläuterung der unterschiedlichen „Begriffswelten" der elektronischen Post und dem Begriff per se

- Spielregeln von mail: Ein „10-Punkte-Plan", welcher die zentralen Verhaltensweisen für die effiziente Kommunikation mit mail darstellt. Hier wird bereits deutlich, daß wesentliche Unterschiede im Umgang mit der elektronischen Kommunikation bestehen und. Sie repräsentieren auch den „Knigge" für die externe Kommunikation.

- Optionen von mail: Hier erfolgt eine detaillierte Aufstellen aller mail-Funktionen, die mit Lotus Notes/Domino zur Verfügung stehen.

- Ablageorganisation: Es werden Hinweise zur Strukturierung und Dauer der mail-Archivierung gegeben.

- Dateianhänge: Die Möglichkeit, mails mit Dateianhängen zu versehen, erfordert durch Sicherheits-, Kapazitäts- und Netzlastproblematik klare Verhaltensnormen.

- Sicherheit: Hinweise zum Thema Postgeheimnis und Viren zeigen, daß sowohl Benutzer wie auch die Bank entsprechende Schutzmaßnahmen erwägen sollten.

- Internet email: Hierbei wird auf spezifische Eigenheiten beim Versenden von email über das Internet eingegangen.

- Adressierung von mail: Allgemeine und RWG-spezifische Hinweise zur Adressierung von mail aus Lotus Notes/Domino.

- Vorteile von mail: Eine Aufzählung der Vorteile und Möglichkeiten, die Lotus Notes/Domino mit seiner mail-Funktion offeriert.

Die Projektmitglieder haben diesen Leitfaden zur Durchsicht und Prüfung erhalten. Anmerkungen und Änderungen werden in der nächsten Version eingearbeitet.

4.5 IST-Analyse für das Anwendungsmodul Richtlinien- und Informations- handbuch

Als Ergebnis der Erhebung und Priorisierung von Anwendungsmodulen wurde das Richtlinien- und Informationshandbuch der Volksbank Herrenberg eG unter den Gesichtspunkten Informationsinhalte sowie Redaktions- und Publikationsprozeß analysiert. Das Handbuch erfasst nahezu die gesamte organisationsrelevante Dokumentation der Bank und hat einen Umfang von ca. 15 DIN A4 Ordnern. Die Inhalte umfassen alle Bereiche des Standardbankgeschäfts. Es handelt sich dabei um Arbeitsanweisungen, internen Richtlinien, Rundschreiben, Preise und Konditionen, Beschreibung/Erläuterungen zu Organisationshandbüchern, Aufbau- und Ablauforganigramme, etc..

Die bisher papierhafter oder elektronisch vorliegenden Inhalte sollen unter den Aspekten Änderungshäufigkeit und Nutzungsintensität sukzessive in Lotus Notes/Domino abgebildet werden. Ziel der Integration war es auch, die Dokumente nicht nur mit Lotus Notes/Domino zu publizieren sondern auch den redaktionellen Teil durch einen Workflow in Lotus Notes/Domino zu realisieren. Eine Änderung des bisherigen Redaktions- und Kontrollprozesses wurde in der Version 1.0 nicht angestrebt.

Die Analyse wurde für die Bereiche Aufbau und Struktur, Prozeßsicht und Bereitstellung der bzw. Zugriff auf die Information durch folgende Punkte abgedeckt:

- Umfang, Aufbau und Gliederung des Richtlinien- und Informationshandbuchs
- Format, in welchem die Einzelinhalte vorliegen (Papier, genaues Dateiformat)
- Aktualität und „Verfallsdatum" der Informationen
- Ablaufbeschreibung des Redaktions- und Publikationsprozesses
- Zuständigkeiten bei der Informationserstellung (erstellen, kontrollieren, freigeben)
- Druck- und Layoutfunktionalitäten der neuen Anwendung
- Art der Benachrichtigung von Informationsempfängern (push oder pull)

- Erfordernis von Empfangsbestätigung und deren Dokumentation

Die Archivierung wurde im Rahmen dieser Ersterhebung noch nicht durchgeführt. Da der eigentliche Prozess nicht optimiert werden sollte, wird auf eine detaillierte Gegenüberstellung von IST- und SOLL-Prozeß verzichtet. Die nachstehende Abbildung zeigt somit in grafischer Darstellung den IST-Ablauf für den Regelfall der Erstellung einer Arbeitsanweisung.

4.6 Anwendungsentwicklung und Testphase

Auf Basis der IST-Analyse wurde als Grundlage der Anwendungsentwicklung ein Fachkonzept erstellt, welches eine Anwendungsvision sowie eine detaillierte Beschreibung von Ablauf, Maskengestaltung, Druckfunktion und Ansichten beinhaltet. Die Entwicklung der Anwendung selbst erfolgte bei der RWG GmbH durch den Bereich Systementwicklung unter Verwendung des GEDYS-Entwicklungs-Kernel, um eine effiziente Umsetzung der Workflow-Funktionalitäten zu gewährleisten.

Nach Fertigstellung wurde die Anwendung bei der Volksbank Herrenberg eG installiert, den Projektmitgliedern präsentiert und befindet sich derzeit in der Testphase.

4.7 Weiteres projektbezogenes und allgemeines Vorgehen

Nächste Integrationsschritte sind die Analyse und Realisierung weiterer Anwendungen gemäß Prioritätenplan, der Review und nachfolgender Überarbeitung des Moduls Richtlinien- und Informationshandbuch, die Folgeversionen der Leitfäden und Richtlinien zur elektronischen Kommunikation sowie die erste Stufe der Nutzenanalyse.

Die Erfahrungen aus diesem Projekt sowie die hierbei entwickelten Anwendungen
sollen im Rahmen der Effizienzberatung bei den württembergischen Genossenschaftsbanken umgesetzt werden. In der Beratungspraxis wird sich der Einsatz des
Intranet-Vorgehensmodells in diesem Detaillierungsgrad nur in wenigen Fällen
durchführen lassen. Dies liegt zum einen an den Kosten einer umfangreichen Bera-
tungsleistung, zum anderen aber auch an z.T. konkreten Vorstellungen der Banken
beim Einsatz von Lotus Notes/Domino. Vielmehr werden zwei unterschiedliche
Ansätze der Integration zum Tragen kommen, die vorgestellte Sicht auf Optimierung
von Information und Kommunikation in der Bank sowie die ausschließliche Sicht auf
IuK-Prozesse. Hier kann das Integrationsmodell modular verstanden und eingesetzt
werden, indem z.B. Anforderungserhebung und Priorisierung oder Nutzenanalyse
nicht durchgeführt werden. Modular bedeutet aber auch, daß bei Banken, welche
bereits Lotus Notes/Domino im Einsatz haben, eine reine Nutzenbetrachtung des
Systems beauftragt wird. Konsequenterweise können sich hieraus Ansätze zur Prozeßoptimierung mit bereits vorhandenen Anwendungen oder auch der Einsatz neuer
Anwendungen durch Integration ergeben.

Es kann somit statuiert werden, daß mit dem Intranet-Vorgehensmodell ein modulares und flexibles Organisationswerkzeug zur Optimierung von Information und
Kommunikation bei den württembergischen Genossenschaftsbanken zur Verfügung
steht.

5. Ergebniszusammenfassung und Ausblick

Die Darstellung der Methoden und Verfahren des Vorgehensmodells bei der Einführung von IuK-Systemen haben die Notwendigkeit eines integrativen Ansatzes
deutlich gemacht. Ausgehend von der Projektinitialisierung und der Erstellung ban-
kindividueller Zielsetzungen und Rahmenbedingungen für ein Intranet in einem
Leitbild, ist es erforderlich, die durch ein Intranet zu realisierenden Anwendungsanforderungen zu erheben und sie in der Priorität ihrer Umsetzung darzustellen. Dabei

sollen die Mitarbeiter der Bank von Anfang an in den Gestaltungsprozeß miteinbezo-
gen werden, um eine hohe Akzeptanz für das neue IuK-System zu erreichen.
Rechtzeitige Information und Kommunikation über die Führungsebenen hinaus sind
aus Gesamtbankbetrachtung Grundvoraussetzungen für den späteren effizienten Einsatz. Die Analyse der technologischen und organisatorischen Strukturen und Abläufe
sind zentrales Element und Basis einer effizienten Integration und bilden die Grundlage für der Optimierung von IuK-Prozessen. Die Auswertung dieser Analysen zeigt
deutlich die personellen, prozessualen und technologischen Auswirkungen und erfordert die Durchführung geeignete Maßnahmen bei der Intranet-Einführung. Sie
müssen begleitend zur Entwicklung und Installation der eigentlichen Intranet-An-
wendungsmodule umgesetzt werden. Die somit effiziente Umsetzung der
technologisch-organisatorischen Anforderungen bei der Einführung eines Intranet
wird durch den Vergleich einer im Vorfeld und nach Einführung durchgeführter Nutzenanalyse bestätigt werden.

Problematisch erweist sich beim konkreten Einsatz von Lotus Notes/Domino bei den
württembergischen Genossenschaftsbanken, daß die Sicht der Banken nicht ausschließlich auf IuK-Prozesse gerichtet ist. Durch die am Markt angebotenen
Anwendungen und der Forderung der Banken nach umfassender DV-Unterstützung
aller operativen Bereiche, wird zunehmend auch der Einsatz von Lotus
Notes/Domino bei strategisch   dem GEBOS-Umfeld zugewiesenen Prozessen
gefordert. Fokus ist hierbei die Vertriebsunterstützung durch Lotus Notes/Domino
basierte Anwendungen. Durch den Einsatz einer technologieneutralen Plattform wird
der bisher geschlossene Markt der württembergischen Genossenschaften ein attrakti-
ves Betätigungsfeld für Systemlieferanten des „freien Marktes".
Auch das von der RWG GmbH strategisch eingesetzte Betriebssystem OS/2 muß
unter dem Aspekt der zunehmenden Marktabstinenz von OS/2 kritisch hinterfragt
werden. Konnten bisher neue Applikationen durch den Einsatz Windows 3.x basierter Systeme aufgefangen werden, so muss zukünftig auch die strategische
Ausrichtung regelmäßig überprüft werden, um nicht bei der Plattform Lotus

Notes/Domino am Markt und beim Einsatz neuer Technologien den Anschluß zu verlieren.

Mit der Entwicklung von Lotus Notes/Domino 5.0 findet ein weiterer Schritt statt, von der einst proprietären Lotus Notes-Umgebung hin zu einer offenen Intranet-basierten Plattform. Gerade im Client-Bereich findet eine Annäherung an das „look and feel" des Web-Browsers statt.[114] Diese Wandlung vereinfacht den technologischen Übergang zum reinen Intranet für den Benutzer und führt u.U. zu der Möglichkeit des vollständigen Verzichts auf den Web-Browser. Auch werden nun nahezu alle Internet-Standards und -Protokolle durch den Lotus Domino-Server abgedeckt, was eine erhebliche Vereinfachung bei der Einbindung Intranet-basierter Anwendungen zur Folge hat.

Organisatorischer Trend der Zukunft ist das Schlagwort Knowledge Management oder auch Wissensmanagement. „Nachdem in den 90er Jahren Management-Methoden wie „Business Process Reengineering" oder „Total Quality Management" zur Steigerung der betrieblichen Effizienz beitrugen, sieht man im Wissensmanagement zunehmend den Schlüssel für den Unternehmenserfolg im 21.Jahrhundert"[115]. Bei der Definition von Wissensmanagement können unterschiedliche Ansätze vorgefunden werden. Aus ganzheitlicher, unternehmensweiter Sicht kann unter Knowledge Management die interaktive Verflechtung einer offenen Unternehmenskultur, einer definierten strategische Position, flache teamorientierte Hierarchien und die erforderliche technologische Infrastruktur verstanden werden.[116] Unter Wissensmanagement kann aber auch, als informatorische Basis der o.g. Aspekte und kleinster gemeinsamer Nenner, das Management aller Informationen im Unternehmen verstanden werden. Ziel wird es somit sein, auf Basis der nun entstehenden IuK-Plattformen bei den württembergischen Genossenschaften, die zur Verfügung stehenden Informationen strukturiert zu bündeln, allen Mitarbeitern bereitzustellen und Methoden zu

---

[114] Vgl.auch Dennig, Jens: Happy Surfday - Notes wird 5.0, in: Groupware Magazin 5/98, S.14 ff..
[115] Gerick, Thomas: Knowledge-Faktor Mitarbeiter, in Groupware Magazin 1/99, S.14 ff..
[116] Ebenda, S.14 ff..

entwickeln, das bisher in den Köpfen der Mitarbeiter steckende Wissenspotential in
die Wissenbasis des Unternehmens einzubringen.

6. Zusammenfassung

Wachsender Konkurrenzdruck, Globalisierung der Märkte, strukturelle Ertrags-pro-
bleme und neue Vertriebswege und Technologien zwingen die Banken ihre
Marktstrategien entsprechend den veränderten Marktanforderungen weiterzuent-
wickeln sowie die Effizienz ihrer internen Strukturen und Arbeitsabläufe zu
verbessern. Banken differenzieren sich gegenüber ihren Mitbewerbern durch Informationsqualität. Die Sicht auf Information als Produktionsfaktor führt zu einer
strategischen Positionierung von Informations- und Kommunikationsprozessen in der
Bank. Die RWG GmbH führte 1998 zusammen mit dem Fraunhofer IAO und der
Volksbank Herrenberg eG ein Initialprojekt zur Strategiedefinition für ein zukunfts-
weisendes Informations- und Kommunikationssystem bei den württembergischen
Genossenschaftsbanken durch. Die hierbei entwickelte Strategie der RWG GmbH als
Grundlage dieser Arbeit umfaßt nicht nur die Technologie auf der Basis der offenen
Plattform Intranet, sondern beinhaltet eine Gesamtlösung, die sich aus einem Vorge-
hensmodell sowie organisatorischen Rahmenbedingungen zusammensetzt.
Der Hauptteil der Arbeit gliedert sich in drei Abschnitte, die Erörterung der Grundla-
gen als technologisch-organisatorische Basis der Integration durch die RWG GmbH,
die detaillierte Beschreibung des Vorgehensmodells Intranet sowie die Darstellung
der in der Praxis bei der Volksbank Herrenberg eG umgesetzten Integrationsschritte.
Die Grundlagen der Arbeit beschreiben das Gesamtsystem der genossenschaftlichen
Informationsverarbeitung sowie definitorische und technologische Abgrenzungen der
Plattform Intranet. Hierbei wird auf die Gesamtzusammenhänge Intranet / Extranet /
Internet eingegangen und das Intranet als Plattform für die Informations- und Kommunikationsprozesse in der Bank dargestellt. Ebenso wird die Nutzung des Intranet
als Groupware auf Basis von Lotus Notes/Domino und dessen strategische Position
innerhalb der RWG GmbH erläutert. Abgegrenzt werden auch die verschiedenen

Ansätze der Integration sowie die diesbezügliche Positionierung der RWG GmbH. Den Abschluß der Grundlagen bilden Ausführungen zu technologischen Entwicklungsstufen bei der Intranet-Einführung und der Produktevolution.

Im zweiten Abschnitt wird das Vorgehen bei der Intranet-Einführung modellhaft beschrieben, wobei die organisatorischen Gestaltungsmöglichkeiten im Mittelpunkt stehen. Insbesondere werden die hierbei erforderlichen Analysemethoden sowie die organisatorischen und technologischen Gestaltungsmöglichkeiten bei der Maßnahmenplanung dargestellt.

Den Abschluß des Hauptteils bilden die Ausführungen zur praktischen Umsetzung des Vorgehensmodells bei der Volksbank Herrenberg eG. Die aufgeführten Projektschritte geben den aktuellen Stand des noch andauernden Projektes wieder. Insbesondere wurden Projektinitialisierungsmaßnahmen, Anforderungserhebungen, Struktur- und Prozessanalysen durchgeführt und mit der Entwicklung einer Anwendung begonnen.

Als Ergebnis der Diplomarbeit bleibt festzuhalten, daß das beschriebene Vorgehensmodell geeignet ist, um die Anforderungen der württembergischen Genossenschaftsbanken an eine integrative Lösung für die Optimierung von Informations- und Kommunikationsprozessen zu erfüllen. Als weiteres Ergebnis der Arbeit ist festzustellen, daß durch den modularisierten Aufbau des Vorgehensmodells eine bankindividuelle Strategie zum Einsatz und Betrieb eines Intranet ermöglicht wird.

Als Fazit der Arbeit kann festgehalten werden, daß Informations- und Kommunikationstechnologie nur dann effizient eingesetzt werden kann, wenn neben technologischen auch organisatorische Maßnahmen durchgeführt werden. Erst mit der zentralen Sicht auf die Unternehmsprozesse wird eine ganzheitliche Integration von Information und Kommunikation in der Bank ermöglicht.

ANHANG A

Interviewleitfaden

für die Anforderungserhebung
bei der *Volksbank Herrenberg eG*

Angaben zum Gesprächspartner:

Name   _____

Marktbereich / Ort   _____

Bereich / Abteilung / Stelle   _____

Funktion / Tätigkeit   _____

Ausbildung / Fortbildung   _____

                                    _____

seit wann mit dieser Aufgabe betraut _____

Interview durchgeführt am   _____

                          durch   _____

Übersicht über Erhebungsinhalte im Leitfaden

1. Aufgaben und Verantwortungsbereiche

    1.1 Aufgabenfeld

    1.2 Zuständigkeitsbereich

2. Information und Kommunikation

    2.1 Informationsbedarf

    2.2 Interne Kommunikation

    2.3 Externe Kommunikation

    2.4 Informationspolitik

3. Einsatz von IuK-Technik

    3.1 Status heute

    3.2 Welche DV-Probleme sind von besonderer Relevanz

4. Informations- und Kommunikationsprozesse

    4.1 Störfaktoren im IuK-Prozeß

    4.2 Prozeßbeispiele

    4.3 Zusätzlicher Bedarf aus Sicht der Mitarbeiter

    4.4 Bedarfsportfolio

    4.5 Erwartungen an die neue IuK-Infrastruktur

1. Aufgaben und Verantwortungsbereiche

1.1 Aufgabenfeld
Wie läßt sich Ihr Aufgabenfeld beschreiben?

intern-orientiert	extern-orientiert
d.h. ohne Kundenkontakt	d.h. mit Kundenkontakt (Beratung,
(Sachbearbeitung, Stabsaufgaben etc.)	Akquisition, Betreuung)

5					0				5

1.2 Zuständigkeitsbereich
Mit welchen Aufgaben /Prozessen haben Sie zu tun ?

Tätigkeitsschwerpunkte, Aufgabenprofile	Anteil am Tagesgeschäft in %	Informationsbedarf intern H=hoch N=niedrig	O Zahl der Kommunikationspartner	Kommunikationsbedarf intern H=hoch N=niedrig	Hohes DV-Unterstützungspotential.? Information.bzw. Kommunikation
1. _____ • _____ • _____					
2. _____ • _____ • _____					
3. _____ • _____ • _____					
4. _____					
5. _____					
6. _____					

Welche ihrer Aufgaben beanspruchen heute zuviel Zeit/Kapazität und warum?

Aufgaben	aufwendige Informations-beschaffung (verteilte Info)	Unvollständige Information (Nachfragen, Suche)	Antwortzeit DV-Systeme, viele verschiedene Anwendungen	Abstimmungs-probleme mit Kollegen	Komplexität (Richtlinien, Arbeitsanwei-sungen etc.)	Sonstig bzw. Anmerk

2. Information und Kommunikation

2.1 Informationsbedarf

Welche Informationen werden von Ihnen zur Abwicklung des Tagesgeschäfts benö-tigt, die nicht über die bisherigen DV-Systeme (GEBOS) bereitgestellt werden?

Wie häufig brauchen Sie diese Informationen?

Wie werden Sie beschafft?

Welches sind die Informationslieferanten heute?

Welche Aussagekraft haben sie, müssen Sie erst noch angepasst werden?

Auf welchen Medien stehen diese Informationen zur Verfügung?

Sind diese Daten in der erforderlichen Aktualität verfügbar? Warum nicht?

Sind manche Informationen mehrfach verfügbar? (erfolgt ein Abgleich?)

Verwenden andere Mitarbeiter die gleichen Informationen?

Bestehen direkte Zugriffsmöglichkeiten auf externe Informationen (z.B. Reuters)?

2.2 Interne Kommunikation

Wer sind ihre wesentlichen internen Kommunikationspartner?

Anlaß für Kommunikation sowie Kommunikationspartner	Selber Ort? J/N	Persönl. Kontakt	Telefon	Haus-post	IuK-Technik	Sonsti-ges
1						
2						
3						
4						
5						

Besonderheiten wie räumliche Verteilung, Grad der Zentralisierung etc.?

2.3 Externe Kommunikation
Stehen Sie im regelmäßigen, direkten Kundenkontakt?   ja / nein

Externe Kommunikationspartner, z.B. Kunden, Verbund, RWG, etc.	Persönl. Kontakt	Telefon	Postweg/ Kurier	IuK- Technik	Sonsti- ges
1					
2					
3					
4					
5					

2.4 Informationspolitik im Haus
Welche Richtlinien sind für Ihre tägliche Arbeit von Bedeutung?

☐ Organisationshandbuch, Aufgabenverteilung, Schnittstellendefinition

☐ Richtlinien und Informationshandbuch (mit Rundschreiben)

☐ Konditionslisten

☐ Prozeßbeschreibungen (Ablaufdiagramme)

☐ Ablaufbeschreibungen im Programm

☐ Informationen von genossenschaftlichen Verbundunternehmen

☐ Markt- und Wettbewerbsinformationen

☐ Online-Dienste

☐ gedruckte Informationen (Fachzeitschriften, Berichte,Informationsbriefe)

☐ Sonstiges: _____

☐ Sonstiges: _____

Sind Sie über alle relevanten Regelungen und Änderungen aktuell informiert?
Ja / nein
wie werden Sie auf dem laufenden gehalten _____

durch wen ?   _____

Ist dieses Regelwerk ausreichend ?
Wenn nein, in welchen Fällen nicht ?

_____

Gibt es weitere (informelle) Regelungen vor Ort, die zu beachten sind ?

_____

3. Einsatz von IuK-Technik

3.1 Status heute

Sind innerhalb einer Aufgabe mehrere DV-Systeme parallel zu nutzen ?

_____

Werden Daten / Informationen stets direkt in der DV erfaßt bzw. welche werden in Papierform zur Eingabe in die DV übergeben ?

_____

Gibt es häufig Medienbrüche (z.b. Neueingabe in verschiedenen DV-Anwendungen nötig) ?

_____

Können Daten dort wo Sie benötigt werden abgerufen werden (z.B. Terminmanagment)

_____

Welche Anwendungen verwenden Sie bei Ihrer täglichen Arbeit und wie oft?

		tägl.	wöchentl	monatl.	jährl.
1	_____	____	____	____	____
2	_____	____	____	____	____
3	_____	____	____	____	____
4	_____	____	____	____	____
5	_____	____	____	____	____
6	_____	____	____	____	____

3.2 Welche DV-Probleme sind von besonderer Relevanz

Stabilität, Kompatibilität

- Performance (z.B. Antwortzeiten) ☐_____
- Instabilität der Netze (intern bzw.RZ) ☐_____
- Instabilität Anwendungen (Abstürze) ☐_____
- zeitliche Verfügbarketi des Systems ☐_____
- fehlende Zugriffsrechte ☐_____
- fehlende Schnittstellen(Doppelerfassung) ☐_____
- fehlende Kompatibilität der Anwendungen ☐_____
- Vorgänge erfordern mehrere Anwend.progr. ☐_____
- kein Dokumentenaustausch w/ fehl. Standards ☐_____

Anwendungsbetreuung

- Hilfestellung durch Anwendungsbetreuung ☐_____
- Flexibilität der DV-Abteilung ☐_____
- unzureichende Schulung ☐_____
- unzureichende Betreuung im tägl.Betrieb ☐_____
- _____ ☐_____
- _____ ☐_____

4. Informations- und Kommunikationsprozesse

4.1 Störfaktoren im IuK-Prozeß

Fehlende Information (ist beim Kollegen) ja? _____
Fehlende Information (Ort der Info-Ablage unklar) ja? _____
Aktualität der Information unzureichend ja? _____
unvollständige Info-Übergabe-vermeidbare Rückfragen ja? _____
Persönliche Abstimmungsprobleme mit Kollegen ja? _____
Räumliche Trennung von Kollegen ja? _____
Nicht-Erreichbarkeit des Kollegen ja? _____
fehlende Informationen über Status eines Vorgangs ja? _____
Information über verschiedene Medien ja? _____
Störung durch - zeitunkritische - Anrufe (Ersatz:Mail) ja? _____
Sonstige:_____ ja? _____
Sonstige:_____ ja? _____

4.2 Prozeßbeispiele mit Verbesserungspotential durch IuK-Technik

Priori-tät Nr.	Information-/Kommunikat.prozeß z:b. Klärung von Konditionen, Nachschlagen im Org.Handbuch, Verwaltung Rundschreiben, Suche von Ansprechpartnern, Terminmanagment	Beteiligte (intern & extern)	Handlungs-bedarf G=Gering H=Hoch	Erwartetes IuK-Potent. G=Gering H=Hoch

(Ergebnisse bzw. Wünsche können in Bedarfs-Portfolio, Kap.4.4, priorisiert werden)

4.3 Zusätzlicher Bedarf aus Sicht der Mitarbeiter aus den Info-Prozessen, generelle BK-Anforderungen an einzelne Module

Anregungen aus Anwendersicht für neue (zusätzliche) IuK-Anwendungen, z.B. Terminplaner, E-Mail, Diskussionsforen, elektronische Archive, elektronische Rundschreiben, etc.	Erwarteter Nutzen (gering-mittel-hoch)

4.4 Bedarfsportfolio

		Einzelaufgaben (spezieller Bedarf)	Tagesgeschäft (genereller Bedarf)
D **r** **i** **n**	**kurzfristig** (Funktionalität ist heute erforderlich)		
g **l** **i** **c** **h** **k**	**mittelfristig** (Funktionalität ist in absehbar. Zeit erforderlich)		
e **l** **t**	**langfristig** (Funktionalität ist zukünftig erforderlich)		

Einsatzgebiet

4.5 Erwartungen an die neue IuK-Infrastruktur
(vgl. geforderte Module)

Ich verspreche mir....	ja / nein	Rangfolge
...eine **Unterstützung** bei meiner täglichen Arbeit		
...eine **Vereinfachung** der Arbeit		
...**Rationalisierungseffekte**, d.h. Kapazitäten werden für wichtigere Aufgaben frei (z.B.aktive Marktbearbeitung)		
...eine **Beschleunigung** der Prozeßabwicklung		
...**Ersatz von Papier** durch elektronische Datenverarbeitung bzw. von Post/Hauspost/Boten durch elektronische Kommunikation		
...eine direkte **Verbesserung des Kundenservice**		
...ein **humaneres Arbeitsumfeld**		
...mehr **Freiraum für Eigeninitiative**		

In welchen Bereichen kommt die Unterstützung zum Tragen?

Ich verspreche mir Verbesserungen bei....	ja / nein	Rangfolge
...der **Bereitstellung von Informationen** für andere		
...der **Informationserstellung** (Erfassung von Information)		
...**Aufbereitung und Formatierung** der Information		
...der **Verwaltung** von Information (Pflege)		
...beim **Austausch** von Information		

Welche Befürchtungen haben Sie bezüglich der Umsetzung
neuer Organisations-/ DV-Konzepte ?

_____

_____

_____

Sind Ihnen PC-Anwendungen bereits aus dem privaten Umfeld bekannt?

- Web-Browser für das Internet   ja / nein

- Sonstiges, z.B. _____

ANHANG B

Version 1.0

RWG GmbH
Fraunhofer IAO

Benutzerleifaden für die
elektronische Kommunikation

Martin Engstler
Jochen Waltert
Waltraud Höfer
Peter Esposito

Inhaltsverzeichnis

1 Elektronische Post

1.1 Begriffsdefinition

Elektronische Post (electronic mail; Kurzwort mail) dient als Überbegriff für die elektronische Kommunikation, unabhängig von der zugrundeliegenden Technologie. Im Gegensatz zu normaler Post oder Fax wird mail in elektronischer Form eingegeben, transportiert und gelesen. Weiterhin werden in diesem Leitfaden folgende Begriffe verwendet, um Begriffe im Umfeld der elektronischen Post näher zu spezifizieren:

mail   Synonym zu elektronischer Post
email   elektronische Post über das Internet
Notes-mail elektronische Post innerhalb der Lotus-Notes Welt
mailbox "elektronischer Briefkasten"

1.2 Vorbemerkungen

Um eine einheitliche Regelung / Richtlinie für die Verwendung von mail zu treffen, muessen bestehende innerbetriebliche und gesetzliche Rahmenbedingungen, Regelungen und Gesetze betrachtet werden. Hierbei ist zu unterscheiden, ob es sich um interne oder externe mail handelt. Interne mail unterliegen auch ausschliesslich nur internen Regelungen, soweit nicht arbeitsschutzrechtliche bzw. datenschutzrechtliche Belange betroffen sind.
Bei externen mail sind eine Reihe gesetzlicher Bestimmungen zu beachten, die bis zum heutigen Tag noch nicht vollstaendig auf die elektronische Kommunikation angepasst wurden.

Beispiele sind:
BGB - Rechtsgeschäfte, Schriftform, Beglaubigung
BundesdatenschutzG
Strafgesetzbuch - Änderung gem. Art. 4 IuKDG
Ordnungswidrigkeitengesetz - Änderung gem. Art. 5 IuKDG
Gesetz über die Verbreitung jugendgefährdender Schriften - Änderung gem. Art. 6 IuKDG
Urheberrechtsgesetz - Änderung gem. Art. 7 IuKDG
Preisangabengesetz - Änderung gem. Art. 8 IuKDG
Preisangabenverordnung - Änderung gem. Art. 9 IuKDG

Zwar haben nicht alle Vorschriften einen direkten Bezug zur elektronischen Kommunikation, jedoch wirken sich die unterschiedlichsten Vorgaenge in anderen elektronischen Medien, speziell im Internet, direkt auf elektronische Kommunikationswege aus, sodaß auch hier eine Rechtssicherheit nicht immer gegeben ist.

1.2.1 Spielregeln von mail

Der Inhalt und die Verwaltung der elektronischen Post liegt in der Verantwortung des jeweiligen Benutzers. Hierbei sind folgende Punkte zu beachten:
1. Überprüfen Sie Ihre Mailbox **mindestens** zweimal täglich auf neue Post. Stellen Sie Ihre Mailoptionen so ein, daß Sie ein akustisches und/oder optisches Signal erhalten.
2. Mail sollte nur bei Bedarf ausgedruckt werden.

3. Fügen Sie Ihrer mail eine aussagekräftige Betreffzeile (Subject) hinzu, so daß mail leicht wiedergefunden werden können.
4. Fügen Sie eine "Signatur" an das Ende Ihrer mail ein. Diese Signatur sollte zumindest Namen, Telefon und Ihre Organisation enthalten. Diese Signatur kann entweder durch Veränderung der Standardvorlage oder als eigene Mailvorlage erstellt werden. Hierbei ist jedoch zu beachten, dass bei Antwort-Mail von Notes die Standardvorlage verwendet wird.
5. Der Umgangston ist bei mail häufig weniger formell als bei herkömmlichen Geschäftsbriefen und Mitteilungen.
   Tip: Kommunizieren Sie via mail so, wie sie auch sonst mit der Person sprechen (schreiben) würden.
6. Seien Sie professionell und vorsichtig, was Sie über andere schreiben. Eine mail kann leicht weitergeleitet werden.
7. Schreiben Sie Ihre mail kurz und prägnant.
8. Setzen Sie mail für die asynchrone Kommunikation ein, z.B. bei Rückfragen, die nicht sofort beantwortet werden müssen.
9. Halten Sie sich an Hierarchie-Ebenen. Schicken Sie mail nicht direkt an Personen, nur weil dies möglich ist.
10. Vermeiden Sie das Versenden von mail an große Benutzergruppen, die nur für wenige Personen kurzfristig relevant sind. Hierfür sollten „Diskussionsforen" oder „Schwarze Bretter" verwendet werden.
    (Bsp.: Am PKW mit dem Kennzeichen XY brennt Licht)

1.2.2 Optionen von mail

Mit der Mailfunktion erhalten Sie vielfältige Möglichkeiten zur Be- und Verarbeitung von mail. Dabei unterscheiden sich jedoch die Funktionalitäten von Notes-Mail und internet-mail erheblich. Dies liegt u.a. daran, daß internet-mail einen gemeinsamen Kommunikationsstandard für alle email-accounts (mail-Zugänge) in der ganzen Welt bieten muss ... und zwar unabhängig von der eingesetzten mail-software, dem mail-provider und der Systemplattform.

Diese gemeinsamen Standards sind:
- Schreiben
- Bearbeiten
- Versenden
- Antworten
- Weiterleiten
- Ablegen (Archivieren)
- Drucken
- Löschen

Darüberhinaus bietet das Notes-Mailweitere Funktionen:
- Verschlüsseln
- Unterschreiben
- Eigene Vorlagen erstellen
- Empfangsbestätigung anfordern
- Delegierungsprofil festlegen
- Individuellen Briefkopf wählen
- „Nicht im Büro" - Funktion
- Erneut senden
- In Task konvertieren
- Absender in Adressbuch aufnehmen
- Zustelloptionen festlegen (Priorität, Modus, Zustellbericht, Zustellpriorität)

⊡ Spezielle Optionen (Ablaufdatum, ..)

Bitte beachten Sie, daß die in Notes-Mail genannten Optionen für das Senden an internet-accounts keine
Gültigkeit haben.

1.3 Leitfaden für die Verwaltung von mail

1.3.1 Ablageorganisation

☞ Löschen Sie nicht mehr benötigte mails sofort.
☞ Lassen Sie möglichst wenige mails in dem Posteingang und Postausgang. Legen Sie die mails in themenbezogenen Ordnern ab.
☞ **Achtung: Beim Löschen von mail wird das Original-mail gelöscht, d.h. Auch wenn sich mail jeweils im Ordner „alle Dokumente" und „eigener Ordner" befindet, werden beim Löschen eines mail auch alle Referenz-mail in anderen Ordnern gelöscht.**

1.3.2 Dateianhänge

◼ Belassen Sie möglichst wenig Dateianhänge in Ihrer Mailbox.
Speichern Sie die Dateien in dafür vorgesehene Verzeichnisse auf der Festplatte.
◼ Übertragen Sie keine zu große Dateien (>5MB intern) via mail. Bei externen mail zu Kunden sollte die Dateigröße 2 MB nicht übersteigen. Bedenken Sie, daß Ihre Kunden über langsame mail-accounts verfügen.
◼ Verständigen Sie sich vor dem Versenden von Dateien mit Ihrem Kommunikationspartner auf ein Dateiformat für Datenaustausch.
◼ Überprüfen Sie Dateianhänge nach dem Lösen auf Viren. Starten Sie gelöste *.exe Dateien nicht ohne Überprüfung.

1.3.3 Sicherheit

⚕ Nicht-verschlüsselte mails haben eine vergleichbare Sicherheitsstufe wie Postkarten
⚕ Gehen Sie nicht davon aus, daß nur Sie Ihre mail lesen können.
Nicht-verschlüsselte mail kann von jeder Person mit Systemprivilegien gelesen werden.
⚕ Notes-Mail kann standardmäßig verschlüsselt werden. Beachten Sie hierzu die Arbeitsanweisung Ihrer Bank.
⚕ Viren: **per mail können keine Viren übertragen werden** ... außer als Dateianhang (s.o.). Mail sind reine Textdateien, in denen sich keine Viren verstecken können.

1.4 Zusatzinformationen für Benutzer

1.4.1 Internet email

✉ Verwenden Sie keine Zeichenformatierungen bei Internet emails.
✉ Schreibe Sie in Blockschrift, wenn Sie einen Punkt besonders HERVORHEBEN möchten.

⊠ *Sterne* vor und nach einem Wort heben es auch hervor. **ABER: GROSSCHREIBEN in Diskussionsforen / newsgruppen bedeutet SCHREIEN.**

⊠ Schreiben Sie nicht mehr als 70 Zeichen pro Zeile.

⊠ Verwenden Sie keine Sonderzeichen (J) und Umlaute, solange Sie nicht sicher sind, daß sie die Software des Empfängers richtig interpretiert. Auf keinen Fall im Betreff der email. In der Adresszeile führen Sie unweigerlich dazu, daß der Empfänger nicht gefunden wird.

⊠ Beachten Sie die unterschiedliche Adressierung aus Netscape und Notes

1.4.2   Hinweise zum Versenden von email aus Notes "heraus":

⊡ Wenden Sie die Notes Option "Verschlüsselung" nur innerhalb von Notes für sensible Nachrichten an. Empfänger im Internet können diese verschüsselten emails nicht entschlüsseln.

⊡ Die Notes Option "Empfangsbestätigung" funktioniert bei emails in das Internet nicht.

1.4.3   Adressierung von mail

⊡ Die Adresse setzt sich zusammen aus

⇨ der Unteradresse (i.d.R. dem Namen oder Pseudonym des Users)

⇨ der Domäne (=Hauptadresse; dies ist meist der Provider [t-online, aol,..] oder das Unternehmen [ihre-bank, rwg] welche sich äusserlich nicht sichtbar eines Providers bedienen)

⇨ dem Adresstyp (.de = Deutschland; .com=Commercial; .edu=Education; .it=Italien; usw.)

⊡ Adressierungsschema für email aus dem Internet (Netscape Navigator) an Unternehmen: Adresse@domain, z.B. Vorname.nachname@volksbank-ueberall.de

⊡ Internet-Adressierungsschema für email aus Notes "heraus": Adresse@domain@Internet, z.B. Vorname.nachname@rwg.de@Internet

⊡ Notes-interne mail können bequem aus dem öffentlichen Namens- und Adressbuch der Bank gewählt werden. Im persönlichen Adressbuch können Sie Ihre Geschäftspartner (externe)- und Privatadressen erfassen und verwalten.

1.4.4   Vorteile von mail

☺ Geschwindigkeit: mail kommt zumeist innerhalb weniger Sekunden beim Empfänger an.

☺ Verteiler: eine Adressierung mehrerer Personen (Gruppen) ist möglich.

☺ asynchron: es müssen nicht beide Kommunikationspartner zugleich anwesend sein

☺ Weiterverarbeitung / Kommentierung: elektronische Weiterverarbeitung der empfangenen Daten ist möglich

☺ Kostengünstig

☺ Versenden von Bild-, Ton- und Textdateien ist als Dateianhang möglich

☺ Einfache Bedienbarkeit

☺ Integration von mail ist in Geschäftsprozesse möglich

☺ Protokollfunktion:
Speicherung ein- und ausgehender mail
Zustell- und Empfangsbestätigung (Notes mail)

☺ Nahezu kein Verlustrisiko der elektronischen Post

Literaturverzeichnis

Allmann; Jörg: Wie sich die Lotus-Groupware mit Intranet-Anwendungen verträgt - Intranet und/oder/kontra/mittels Notes beziehungsweise Domino, in: computerwoche 51/98, München, 18.12.98, S.56 f.

Antweiler, Johannes: Wirtschaftlichkeitsanalyse von Informations- und Kommunikationssystemen (IKS): Wirtschaftlichkeitsprofile als Entscheidungsgrundlage, Köln 1995

Breitbart, Gerrard (Hrsg.):
Der „Faktor Mensch" im Projekt - Verhaltens- und kommunikative Aspekte der Projektsteuerung, in: Praxishandbuch IV-Managment, Losebl.-Ausg., Augsburg Stand Juli 1997

Breu, Birgit und Kampffmeyer, Ulrich:
IST-Analyse als Voraussetzung für den Erfolg, in Betriebswirtschaftliche Blätter, Jg. 46/1997, S.296 f..

Charlier, Michael: Dokumente elektronisch verteilt - Workflow / Geschäftsprozesse im Büro optimiert, in: Handelsblatt Nr.100, Düsseldorf, 27.5.98, S.25.

Day Clive: Business Process Reengineering - Herausforderung für Consultants und ihre Auftraggeber, in: it Managment, 5.Jg/Januar1998, S.20 ff.

Denning, Jens: Happy Surfday - Notes wird 5.0, in: Groupware Magazin 5/98, S.14 ff.

Dierker, Markus und Sander, Martin:
Lotus Notes 4.5 und Domino - Integration von Groupware und Internet, Bonn 1997

Engstler, Martin und Kerber, Gerrit und Waltert, Jochen:
Konzeption und Realisierungsbegleitung beim Aufbau eines Intranets für Filialbanken - Abschlußbericht des Projektes, Stuttgart 1998

Gerick, Thomas: Knowledge-Faktor Mitarbeiter, in Groupware Magazin 1/99, S.14 ff.

Gierhake, Olaf: Integriertes Geschäftsprozeßmanagment - Effektive Organisationsgestaltung mit Workflow-, Workgroup- und Dokumentenmanagment-Systemen, Edition Wirtschaftsinformatik, Braunschweig/Wiesbaden 1998

Grimmer, Jürgen: Produktivitätssteigerung in der Bürokommunikation, in: Bank Magazin, 3/1998, S.22 ff.

Grüger, Wolfgang: Strategien für den Mittelstand, in: Bundesverband der Deutschen Volksbanken und Raiffeisenbanken [Hrsg.], Bankpraxis '97, S.16 f.

Hansen, Hans Robert: Wirtschaftsinformatik I - Grundlagen betrieblicher Informationsverarbeitung, Uni-Taschenbücher 802, 7. Auflage, durch geseh.Nachdruck, Stuttgart 1998

Herff, Wolfgang: Zur Bedeutung der Kommunikation, in: Bankinformation und Genossenschaftsforum, Jg.24/ April 1997, S.6.

Hills, Mellanie: intranet as groupware, New York 1997

Kargl, Herbert: Grundlagen von Informations- und Kommunikationssytemen, München 1998

Kelch, Johannes: Analysten präsentieren exorbitante Prognosen, in: computerwoche 51/98, München, 18.12.98, S.41 f.

Kleinmann, Erich: Angestrebte EDV-Entwicklung der nächsten fünf Jahre, in: Bankinformation und Genossenschaftsforum, Jg.25/ März 1998, S.44 ff.

Kopperger, Dietmar: Total Cost of Ownership - Ein Konzept zur Bewertung der DV-Wirtschaftlichkeit, Fachreferat, in: Fachtagung „Dokumenten- und Workflow-Managment V", Stuttgart 19.11.1997

Krcmar, H.: Die Flexibilität stößt oft an Grenzen - Neue Groupware-Systeme sollen Abhilfe schaffen, in computerwoche focus 4/97, München, 22.08.97, S.12 f.

Krcmar, Helmut und Gräslund, Karin und Klein, Wolfgang: Wer spart, investiert falsch - Intranet, Extranet und Internet-Business für Groupware und Workflow, in: computerwoche focus 1/98, München, 20.03.98, S.44 ff.

Kroker, Michael: Kommunikation/Groupware vereinfacht Absprache im Unternehmen - Akzeptanz bei den Mitarbeitern für den Erfolg entscheidend in: Handelsblatt Nr.100, Düsseldorf, 27.5.98, S.25

- 85 -

Königer, Paul und Reithmayer, Walter:
Managment unstrukturierter Informationen -
Wie Unternehmen die Informationsflut beherrschen können,
Frankfurt/New York 1998

Liebelt, Wolfgang und Sulzberger, Markus:
Grundlagen der Ablauforganisation, Schriftenreihe Der Organisator, Band 9, 3. Auflage, Gießen 1993

Litke, H.-D. :   Von der Vision zur Wirklichkeit - Die Zusammenhänge von
Business Process Reengineering, Workflowmanagment, Workgroupcomputing und Dokumentenmanagment, in:
computerwoche focus 4/97, München, 22.08.97, S.4 ff.

Meltzer, Bart und Telleen, Steve L.:
Using I-net Agents - Creating Individual Views From Unstruc
tured Content, in Internet 28.01.99:
Http://www.iorg.com/papers/agents.html

Müller, Peter: Intranet auf dem Vormarsch, in: geldinstitute 3/98, S.20

o. V.:   Domino R5 Supported Platforms, in Internet 28.01.99:
http://www.lotus.com/home.nsf/tabs/dominoapplicationserver

o. V.:   Product Version Chart, in Internet 28.01.99:
http://home.netscape.com/products/platform/index.html

o. V.:   Lotus eSuite, in Internet 28.01.99:
http://www.lotus.com/home.nsf/tabs/esuite1

o. V.:   Gedys Groupware Produkte, in Internet 28.01.99:
http://www.gedys.de/

o. V.:   Fraunhofer Institut für Arbeitswirtschaft und Organisation:
Daten und Fakten - Das Institut im Profil, in Internet 28.01.99:
http://www.iao.fhg.de/facts-de.html

o. V.:   Vor- und Nachteile eines Intranet,in: Simsy´s Intranet Pavillon,
Internet 28.01.99: http://www.simsy.ch/intranet/procontr.htm

o. V.:   Geschäftsbericht 1997 der Volksbank Herrenberg eG, S.44

o. V.:   Mastering New Roles, in Internet 28.01.99:
Http://www.metagroup.com/newwhos.nsf/InterNotes/Link+Pa-
ges/wcs+-+delta2
o. V.:   RWG Geschäftsbericht 1997

o. V.:   Der Kampf ums Intranet, in: Groupware Magazin, Heft 2/98, S.22 f.

Paykowski, Reinhard: Evolution der Büroprozesse in: Office Managment, Jg.46/1998, Heft 9/98, S.44 f.

Riggert, Wolfgang: Betriebliche Informationskonzepte: von Hypertext zu Groupware, Braunschweig/Wiesbanden 1998

Scholer, Stefan: Groupware und Informatikabteilungen: Untersuchung des Einsatzes von Groupware und der damit verbundenen Veränderungen der Aufgaben, Organisation und künftigen Bedeutung von Informatikabteilungen, Diss. Nr.2127 der Universität St.Gallen, Bamberg 1998

Schröder, Gustav Adolf:
       Bürokommunikation, Telekommunikation, Electronic Banking, in: Joh.Heinrich von Stein, Jürgen Terrahe (Hrsg.): Handbuch Bankorganisation, Wiesbaden 1991

Schwarze, Jochen: Informationsmanagment - Planung, Steuerung, Koordination und Kontrolle der Informationsversorgung im Unternehmen, Herne/Berlin 1998

Seifert, M.:   Intranet versus Groupware? - Die richtige Plattform für übergreifende Büroprozesse, in: computerwoche focus 4/97, München, 22.08.97, S.36 ff.

Sommergut, Wolfgang:
       Intranets entwickeln sich zur Anwendungsplattform, in: computerwoche 3/98, München, o.Datum, S.9 ff.

Stein, Dominik: Definition und Klassifikation der Begriffswelt um CSCW, Workgroup Computing, Groupware, Workflow Managment; Seminararbeit ander Gesamthochschule Universität Essen1996, in Internet 28.01.99: http://www-stud.uni-essen.de/~sw0136/AWi_Seminar.html

Telleen, Steven L.:   IntraNet Methodology - Concepts and Rationale, in Internet 28.01.99: http://www.amdahl.com/doc/products/bsg/intra/concepts1.html

Telleen, Steven L.:   The IntraNet Architecture - Managing information in the new paradigm, in Internet 28.01.99: Http://www.amdahl.com/doc/products/bsg/intra/infra.html

Türk, Bernd: Von der Lean Production zum Lean Banking: Konzept einer
                     theoretischen Fundierung, Schriftenreihe für Kreditwirtschaft
                     und Finanzierung, Bd.21, Diss. Universität Frankfurt/Main,
                     Wiesbaden 1996

Weber, Wolfgang: Einflüsse der Informations- und Kommunikationstechnik auf
                     die Arbeitsstrukturen, in: zfo-Zeitschrift Führung+Organisa-
                     tion, 66.Jahrgang, 3/1997, S.146 ff..

Wurster, Hermann: Positionierung von Lotus Notes, in RWG Vorstands-
                     Information 3/98, 23.02.1998, S.1 ff.

Diplom.de

Wissensquellen gewinnbringend nutzen

Qualität, Praxisrelevanz und Aktualität zeichnen unsere Studien aus. Wir bieten Ihnen im Auftrag unserer Autorinnen und Autoren Wirtschafts-studien und wissenschaftliche Abschlussarbeiten – Dissertationen, Diplomarbeiten, Magisterarbeiten, Staatsexamensarbeiten und Studien-arbeiten zum Kauf. Sie wurden an deutschen Universitäten, Fachhoch-schulen, Akademien oder vergleichbaren Institutionen der Europäischen Union geschrieben. Der Notendurchschnitt liegt bei 1,5.

Wettbewerbsvorteile verschaffen – Vergleichen Sie den Preis unserer Studien mit den Honoraren externer Berater. Um dieses Wissen selbst zusammenzutragen, müssten Sie viel Zeit und Geld aufbringen.

http://www.diplom.de bietet Ihnen unser vollständiges Lieferprogramm mit mehreren tausend Studien im Internet. Neben dem Online-Katalog und der Online-Suchmaschine für Ihre Recherche steht Ihnen auch eine Online-Bestellfunktion zur Verfügung. Inhaltliche Zusammenfassungen und Inhaltsverzeichnisse zu jeder Studie sind im Internet einsehbar.

Individueller Service – Gerne senden wir Ihnen auch unseren Papier-katalog zu. Bitte fordern Sie Ihr individuelles Exemplar bei uns an. Für Fragen, Anregungen und individuelle Anfragen stehen wir Ihnen gerne zur Verfügung. Wir freuen uns auf eine gute Zusammenarbeit.

Ihr Team der Diplomarbeiten Agentur

Diplomica GmbH
Hermannstal 119k
22119 Hamburg

Fon: 040 / 655 99 20
Fax: 040 / 655 99 222

agentur@diplom.de
www.diplom.de